LANGENSCHEIDTS
PRAKTISCHE LEHRBÜCHER

LANGENSCHEIDTS
PRAKTISCHES LEHRBUCH
JAPANISCH

Band 1

von

WOLFGANG HADAMITZKY
KIMIKO FUJIE-WINTER

LANGENSCHEIDT

BERLIN · MÜNCHEN · WIEN · ZÜRICH · NEW YORK

Ein Schlüssel zu den Übungen ist gesondert lieferbar. Er enthält die Lösungen zu sämtlichen Übungen des Lehrbuchs.
Es empfiehlt sich, zu diesem Lehrbuch auch die 3 Begleitcassetten zu verwenden. Sie enthalten die Lektionstexte und Übungssätze.
Schlüssel (Best.-Nr. 26191) und Cassetten (Best.-Nr. 80419) sind im Buchhandel erhältlich.

Titelfoto: Bavaria

Auflage: *6.* *5.* *4.* *3.* | *Letzte Zahlen*
Jahr: *1992* *91* *90* | *maßgeblich*

© *1985 by Ostasien-Verlag GmbH, Berlin*
(*Bisheriger Titel:* „*Japanisch. Grundstufe 1*")
© *1987 by Langenscheidt KG, Berlin und München für diese Ausgabe*
Druck: Druckhaus Langenscheidt, Berlin-Schöneberg
Printed in Germany · ISBN 3-468-26190-X

Vorwort

Der vorliegende Band 1 des Praktischen Lehrbuchs Japanisch gibt eine systematische Einführung in die japanische Sprache und Schrift. Nach gründlicher Durcharbeitung dieses ersten Bandes und der dazugehörigen Begleitmaterialien wird man im Rahmen des begrenzten Wortschatzes (ca. 800 Vokabeln) und der behandelten Grammatik einfache Gespräche auf Japanisch führen und entsprechende Texte in der Silbenschrift Hiragana lesen und schreiben können.

Das Lehrmaterial ist so aufbereitet, daß man auch ohne Lehrer erfolgreich damit arbeiten kann:

- Die ersten sechs Lektionstexte haben eine Parallelübersetzung. Diese wird ab Lektion 6 durch Beispielsätze mit Übersetzung ergänzt bzw. ersetzt.
- Alle Vokabeln sind mit Übersetzungen und/oder Erklärungen versehen.
- Der Grammatikteil erklärt die für das Verständnis der Texte und die selbständige korrekte Bildung von Sätzen wichtigen Strukturen.
- Der ausführliche Übungsteil zur Sprache und Schrift ermöglicht die selbständige Anwendung des Erlernten; anhand der im Schlüssel angegebenen Lösungen kann man die erworbenen Fertigkeiten überprüfen.
- Die drei Begleitcassetten sind nicht nur für eine korrekte Aussprache und ein gutes Hörverständnis unerläßlich, sondern auch zum raschen Erlernen und Wiederholen der Texte, Vokabeln und Beispielsätze.
- Für Schreibübungen steht das ebenfalls bei Langenscheidt erschienene „Kanji & Kana. Schreibübungsbuch 1" von W. Hadamitzky zur Verfügung.
- Der anschließende Band 2 des Praktischen Lehrbuchs Japanisch bietet neben einer Erweiterung des Wortschatzes um ca. 600 Wörter auch eine Vertiefung der Grammatik und vermittelt die Silbenschrift Katakana und erste Kanji.
- Zusammen mit dem dritten Band (in Vorbereitung) umfaßt das Lehrwerk den Stoff des Grundbausteins Japanisch des Deutschen Volkshochschul-Verbandes und vermittelt dem Lernenden eine fundierte Kenntnis der japanischen Sprache.

Wie Untersuchungen zeigen, muß man als Europäer zum Erlernen der japanischen Sprache und Schrift mehr Zeit aufwenden als für indogermanische Sprachen. Wer die Herausforderung annimmt, wird hoffentlich feststellen, daß Japanisch jedoch nicht „unlernbar" ist, wie gelegentlich behauptet wird, und daß bereits relativ bescheidene Sprachkenntnisse nicht nur von praktischem Nutzen sind, sondern auch etwas von der Kultur eines Landes vermitteln, von dem wir immer noch zu wenig wissen.

VERFASSER UND VERLAG

Inhaltsverzeichnis

Anordnung und Aufbau der Lektionsteile

Lektionstexte

Die Texte sind nach folgenden Gesichtspunkten zusammengestellt:
- Möglichst natürliche, situationsbezogene Gespräche als Grundlage und Anregung für weitere Dialoge und Rollenspiele in der Klasse.
- Aufnahme möglichst vieler nützlicher Redewendungen.
- Vermittlung landeskundlicher Informationen.
- Aufeinander abgestimmte Progression in Vokabular, Grammatik und Schrift.

Bis Lektion 10 sind die Texte in Lateinumschrift geschrieben, in Lektion 11 erfolgt der Übergang auf die bis dahin vollständig eingeführte Silbenschrift Hiragana.

Bis Lektion 6 ist dem japanischen Text jeweils eine deutsche Parallelübersetzung beigegeben.

Die Texte liegen auf Begleitcassetten vor.

Vokabeln

- Die Vokabeln sind nach der Reihenfolge ihres Vorkommens im Text angeordnet.
- Bis Lektion 10 sind die Vokabeln in Lateinschrift geschrieben, in Lektion 11 in Hiragana.

Alle Vokabeln sind jeweils zweimal auf den Begleitcassetten aufgenommen, mit Pausen zum Nachsprechen.

Lautlehre

Die Lautlehre ist in die ersten zwei Lektionen integriert:
Zunächst werden alle im Japanischen vorkommenden Silbenlaute in der üblichen, dem Alfabet in westlichen Sprachen entsprechenden Reihenfolge behandelt. Die angeführten Beispielwörter sind fast ausnahmslos den beiden ersten Lektionen entnommen. Die Ausspracheübungen dienen folglich sowohl der Einübung des japanischen Lautbestandes und seiner Besonderheiten, der Erlernung des japanischen „Alfabets" wie auch als Wiederholungsübungen zum Grundvokabular.
Die im Rahmen der Lautlehre behandelten Silben und Beispielwörter sind ebenfalls auf den Begleitcassetten enthalten.

Beispielsätze

Ab Lektion 6 folgen auf den Vokabelteil Beispielsätze mit deutscher Übersetzung. Darin werden die wichtigsten Wörter, Wendungen und grammatischen

Strukturen aus dem Lektionstext in etwas abgewandelter Form wiederholt und weitere Anwendungsbeispiele gegeben. Die beigegebene Übersetzung dient der Kontrolle, ob die neuen Wörter und Satzkonstruktionen richtig verstanden worden sind.

Neben den Lektionstexten, den Vokabeln und der Lautlehre sind die Beispielsätze als vierter Bestandteil der Lektionen auf Band gesprochen.

Grammatik

Die Grammatik erklärt die im Lektionstext vorkommenden sprachlichen (gelegentlich auch landeskundlichen) Eigenheiten. Dabei wird einerseits ein systematischer Überblick über Satz- und Wortbildung angestrebt, um dadurch die Einordnung der einzelnen Regeln in einen größeren Zusammenhang zu ermöglichen; andererseits beschränken sich die Erklärungen bewußt auf Dinge, die bis zu der jeweiligen Lektion in den Texten vorgekommen sind. Somit bleibt nichts, was erklärt wird, bloße Theorie.

Zur Veranschaulichung sind den Erklärungen in der Regel der Lektion entnommene Beispielsätze mit Übersetzung beigegeben.

Schriftlehre

Die Lektionen 1 und 2 geben eine Einführung in das japanische Silben-„Alfabet" auf der Grundlage der Lateinumschrift.

Darauf aufbauend behandeln die Lektionen 3 bis 11 die Silbenschrift Hiragana einschließlich aller dabei zu beachtenden Rechtschreiberegeln, so daß ab Lektion 11 auf die bis dahin als „Krücke" dienende Lateinumschrift verzichtet werden kann und alle japanischen Wörter nur noch in japanischer Schrift erscheinen.

Die Behandlung der Silbenzeichen in ihrer „alfabetischen" Reihenfolge beschleunigt beim Lernenden die aktive Beherrschung des japanischen „Alfabets", dessen Kenntnis für die Benutzung von Nachschlagewerken unerläßlich ist.

Bei der Auswahl des Wortschatzes wurde darauf geachtet, daß möglichst viele Wörter aufgenommen wurden, die ausschließlich aus Silben bestehen, die bis zu der jeweiligen Lektion behandelt worden sind. Das versetzt den Lernenden in die Lage, die neuen Zeichen nicht nur isoliert zu betrachten, sondern damit sofort ganze Wörter, Wortgruppen und Sätze zu lesen und zu schreiben. (Bereits mit den ersten fünf in Lektion 3 behandelten Zeichen kann man eine ganze Reihe von Wörtern schreiben.) Auf diese Weise werden nicht nur neue und alte Zeichen und Vokabeln sinnvoll (nicht praxisfern isoliert) gelernt und wiederholt; der Lernende erlebt darüber hinaus, wie er die neuen Zeichen sofort erfolgreich zum Schreiben ganzer Wörter anwenden kann.

Übungen

Dieser sehr umfangreiche Lektionsteil umfaßt sowohl Übungen zur Sprache als auch (ab Lektion 3) zur Schrift. Bei einem Teil der Übungsaufgaben (insbesondere Übersetzungen, Frage und Antwort) sind mehrere richtige Antworten möglich.

Japanisch-deutsches Vokabelregister

Das Vokabelregister verzeichnet in alfabetischer Reihenfolge alle Wörter und Wendungen aus den Vokabelteilen der elf Lektionen mit deutscher Übersetzung und Lektionsangabe. Aus zwei Wörtern bestehende Vokabeln wie z.B. *ni iku* und *kaimono-yō memo* erscheinen, soweit sinnvoll, nicht nur unter dem jeweils ersten Wort, sondern auch unter dem zweiten: in den beiden oben aufgeführten Beispielen also auch unter *iku* und *memo*.

Hinweise für Lehrer und Lernende

Ausgangspunkt und zentraler Teil jeder Lektion ist der Text. Er sollte zunächst mehrmals gehört (in der Klasse Vorlesen durch den Lehrer, im Selbststudium vom Band) und nach- bzw. (laut oder leise) mitgesprochen werden. Die Erklärungen des Lehrers sollten sich auf das für das unmittelbare Verständnis des Textes Notwendige beschränken. Vor allem Grammatik und Schrift sind Bereiche, die man weitgehend selbständig lernen kann. Der Unterricht sollte hauptsächlich dazu genutzt werden, den Lektionstext gemeinsam zu erarbeiten und anschließend darauf basierende praktische Sprechübungen durchzuführen. Das kann durch Nachsprechen einzelner Wörter und Sätze geschehen, durch Übersetzung, durch Umformung von Sätzen, durch einfache Dialoge mit Frage und Antwort, durch Rollenspiele (indem sich die Kursteilnehmer z.B. in Lektion 1 gegenseitig nach ihren Namen, in Lektion 2 nach dem Beruf fragen) und anderes mehr. Der umfangreiche Übungsteil und (ab Lektion 6) die Beispielsätze stellen dafür reichlich Material zur Verfügung.

Es hängt von der Zielsetzung des Unterrichts und von der Arbeitsweise des Lehrers ab, welche Übungen mündlich in der Klasse und welche schriftlich zu Hause zu absolvieren sind. Schriftliche Tests in der Klasse werden sich weitgehend auf kurze Diktate beschränken, damit die Unterrichtszeit möglichst voll für Sprechübungen zur Verfügung steht. Alle anderen Übungen können außerhalb des Unterrichts erledigt werden: wiederholtes Abhören der auf Band gesprochenen Lektionsteile (Text, Vokabeln, Lautlehre und Beispielsätze), Lesen der Erklärungen zur Grammatik, Laut- und Schriftlehre, Durcharbeiten des Übungsteils einschließlich der Schreibübungen.

Die Lektionen sind so angelegt, daß sie mit etwas Fantasie von Seiten des Lehrers verschiedenen Bedürfnissen angepaßt werden können: in Schulen und an Universitäten kann z.B. statt nach dem Erlernten nach dem angestrebten Beruf gefragt werden; die Kursteilnehmer können eine völlig andere Identität annehmen; bei sehr kurzen Unterrichtseinheiten kann man sich auf die Behandlung jeweils nur eines Teils der in sich gegliederten Lektionstexte beschränken; zusätzliche Vokabeln (z.B. Berufsbezeichnungen) können bei Bedarf mit aufgenommen, andere Dinge entsprechend der Zielsetzung des Unterrichts modifiziert, ergänzt, vernachlässigt oder ganz weggelassen werden.

Begleitmaterialien, Lernhilfen und Nachschlagewerke

Schlüssel zu Langenscheidts Praktischem Lehrbuch Japanisch, Band 1
Von W. Hadamitzky und Kimiko Fujie-Winter.
Enthält die Lösungen zu sämtlichen Übungen des Lehrbuchs.

Begleitcassetten zu Langenscheidts Praktischem Lehrbuch Japanisch, Band 1
Von W. Hadamitzky und Kimiko Fujie-Winter.
3 Begleitcassetten mit allen Lektionstexten, Vokabeln, Ausspracheübungen und Beispielsätzen.
Die Texte sind von Anfang an in normaler Sprechgeschwindigkeit gesprochen, damit die natürliche Satzmelodie erhalten bleibt und der Lernende möglichst rasch ein gutes Hörverständnis entwickelt. Auch als Muster für eine korrekte Aussprache und zum raschen Erlernen und Wiederholen der Vokabeln und Beispielsätze unentbehrlich. Das wichtigste Begleitmaterial zum Sprechenlernen.

Kanji und Kana. Übungsbuch 1
Von W. Hadamitzky.
Enthält die 46 Hiragana-Silbenschriftzeichen in der gleichen Reihenfolge wie das Praktische Lehrbuch Japanisch, Band 1 mit Schreibanleitung, graugetönten Zeichen zum Nachschreiben und vielen freien Feldern zum Üben. Unentbehrlich zum Erlernen der Schrift. Enthält außer den Hiragana die Katakana und 300 Kanji.

Kanji und Kana. Handbuch und Lexikon der japanischen Schrift
Von W. Hadamitzky.
Ausführliche und übersichtliche Darstellung der im Japanischen gebräuchlichen Schriftzeichen. Behandelt außer den beiden Silbenschriften Hiragana und Katakana 1945 Kanji mit ihren wichtigsten Komposita.

Langenscheidts Universalwörterbuch Japanisch
Japanisch-Deutsch. Deutsch-Japanisch.
Enthält rund 27000 Stichwörter. Alle japanischen Wörter in Lateinumschrift.

Langenscheidts Reise-Set Japanisch
Die ideale Kombination: Sprachführer (208 Seiten) und Begleit-Cassette (C60). Der Sprachführer enthält wichtige Redewendungen, Fragen und Wörter – nach Sachgebieten geordnet. Der japanische Text wird in lateinischer Umschrift gegeben. Wichtige Wörter, Aufschriften, Verkehrshinweise usw. sind außerdem in japanisch-chinesischen Schriftzeichen aufgeführt.
Die Cassette enthält die wichtigsten Redewendungen aus dem Sprachführer. Sie werden in der Reihenfolge Deutsch – japanische Übersetzung – Nachsprechpause gebracht und bieten so neben dem Training des Hörverstehens auch eine gute Möglichkeit, die japanische Aussprache zu üben.

Dai-1-ka   Lektion 1

Namae to mono   **Namen und Dinge** 🔘🔘

1.

Sensei: Mina-san, konnichi wa!

Seito: Konnichi wa!
Sensei: Watakushi wa Kinoshita de-su. (Zu Herrn Klein:) Anata wa donata desu ka?
Klein: Watakushi wa Klein desu.
Sensei (zu Herrn Jäger): Anata wa Jäger-san desu ka?
Jäger: Hai, sō desu.
Sensei (zu Frau Müller): Anata wa?

Müller: Watakushi wa Müller desu.
Sensei (zu Fräulein Aumann): Ana-ta wa Braun-san desu ka?
Aumann: Iie, sō dewa arimasen. Watakushi wa Aumann desu.
Sensei: Ā, sō desu ka. Braun-san wa donata desu ka?

Braun: Watakushi desu.
Sensei (zu Herrn Kunze): Anata no onamae wa?
Kunze: Kunze desu.

2.

Sensei: Kore wa kyōkasho desu. Wa-takushi no kyōkasho desu.
(Zu Frau Müller): Sore mo kyō-kasho desu ka?
Müller: Ē, kore mo kyōkasho desu.

Sensei: Müller-san no kyōkasho de-su ka?

Müller: Hai, watakushi no desu.

1.

Lehrer: Guten Tag, meine Damen und Herren!
Schüler: Guten Tag!
Lehrer: Ich heiße (*wörtl.* bin) *Ki-noshita.* (*Zu Herrn Klein:*) Wer sind Sie?
Klein: Ich heiße Klein.
Lehrer (*zu Herrn Jäger*): Sind Sie Herr Jäger?
Jäger: Ja (so ist es).
Lehrer (*zu Frau Müller*): Und (wer sind) Sie?
Müller: Ich heiße Müller.
Lehrer (*zu Fräulein Aumann*): Sind Sie Frau Braun?
Aumann: Nein (so ist es nicht). Ich heiße Aumann.
Lehrer: Ach so (*wörtl.* Ach, ist es so?). Wer (von Ihnen) ist Frau Braun?
Braun: Ich (bin es).
Lehrer (*zu Herrn Kunze*): Wie ist Ihr Name?
Kunze: Kunze.

2.

Lehrer: Dies ist ein Lehrbuch. Es ist mein Lehrbuch.
(*Zu Frau Müller*): Ist das (da bei Ihnen) auch ein Lehrbuch?
Müller: Ja, dies ist auch ein Lehr-buch.
Lehrer: Ist das Ihr Lehrbuch, Frau Müller? (*Wörtl.* Ist es das Lehr-buch von Frau Müller?)
Müller: Ja, es ist meins.

Sensei: Sore mo kyōkasho desu ka?

Lehrer: Ist das (da bei Ihnen) auch ein Lehrbuch?

Seito: Dore desu ka?

Schüler: Welches (meinen Sie)? (*Wörtl.* Welches ist es?)

Sensei: Sore desu.

Lehrer: Das da (bei Ihnen).

Seito: Iie, kore wa kyōkasho dewa arimasen. Kore wa jisho desu.

Schüler: Nein, dies ist kein Lehrbuch. Dies ist ein Wörterbuch.

Sensei: Sore wa nan desu ka?

Lehrer: Was ist das (da bei Ihnen)?

Seito: Kore mo jisho desu.

Schüler: Dies ist auch ein Wörterbuch.

Sensei (zu Herrn Kunze): *Dewa, sore wa?*

Lehrer (*zu Herrn Kunze*): Und das (da bei Ihnen)?

Kunze: Kore desu ka?

Kunze: Meinen Sie dies hier? (*Wörtl.* Ist es dies hier?)

Sensei: Hai, sore desu.

Lehrer: Ja, das meine ich. (*Wörtl.* Ja, das da bei Ihnen ist es.)

Kunze: Kore wa shōsetsu desu.

Kunze: Dies ist ein Roman.

Sensei: Sore wa Kunze-san no desu ka?

Lehrer: Gehört er Ihnen? (*Wörtl.* Ist es Herrn Kunzes?)

Kunze: Hai, sō desu.

Kunze: Ja (so ist es).

Sensei: Sore wa hon desu ka, shinbun desu ka?

Lehrer: Ist das (da bei Ihnen) ein Buch oder eine Zeitung?

Seito: Kore wa zasshi desu.

Schüler: Dies ist eine Zeitschrift.

Sensei: Are wa e desu ka, shashin desu ka?

Lehrer: Ist das dort ein (gemaltes) Bild oder ein Foto?

Seito: Are wa e desu.

Schüler: Das dort ist ein Bild.

Sensei: Kore wa dare no nōto desu ka?

Lehrer: Wessen Schreibheft ist dies?

Seito: Sore wa Becker-san no desu. Kore wa sensei no bōru-pen desu ka?

Schüler: Es gehört Frau Becker. (*Wörtl.* Das dort ist Frau Beckers.) Ist dies Ihr Kugelschreiber? (*Wörtl.* Ist dies der Kugelschreiber des Lehrers?)

Sensei: Hai, sore wa watakushi no desu.

Lehrer: Ja, das ist meiner.

3.

Sensei: Dewa, sayōnara!

3.

Lehrer: Also dann, auf Wiedersehen.

Seito: Sayōnara!

Schüler: Auf Wiedersehen.

A. Vokabeln

dai	(Präfix bei Ordnungszahlen)	*ā*	ach
ichi	eins	*no*	(Attributivpartikel)
dai-ichi	Nr. 1, der erste	*o-*	(Höflichkeitspräfix)
-ka	Lektion		
ikka	eine Lektion	*onamae*	Ihr (werter) Name
dai-ikka	Lektion 1, 1. Lektion		
		2.	
namae	Name	*kore*	dies (hier)
to	und	*kyōkasho*	Lehrbuch
mono	Ding, Gegenstand	*sore*	das (da)
		mo	auch
1.		*ē*	ja
sensei	Lehrer	*dore*	welches
mina	alle	*jisho*	Wörterbuch
-san	Herr, Frau, Fräulein	*nan*	was
		dewa	nun, nun denn
mina-san	alle Anwesenden; Sie alle; Meine Damen und Herren!	*shōsetsu*	Roman, Erzählung
		hon	Buch
Konnichi wa!	Guten Tag!	*shinbun*	Zeitung
seito	Schüler	*ka ... ka*	oder
watakushi	ich	*zasshi*	Zeitschrift
wa	(Thema-Partikel)	*are*	das (dort)
Kinoshita	(Familienname)	*e*	Bild, Gemälde
desu	sein	*shashin*	Foto
anata	Sie	*dare*	wer
donata	wer	*nōto*	(Schreib)Heft, Notizbuch
ka	(Fragepartikel)		
hai	ja	*bŏru-pen*	Kugelschreiber
sō	so		
iie	nein	**3.**	
dewa arimasen	nicht sein	*Sayōnara!*	Auf Wiedersehen!

B. Grammatik

1. Satzbau

Das Subjekt steht meistens am Anfang des Satzes, das Prädikat am Ende.
Aussage- und Fragesätze sind in Satzbau und Wortstellung identisch.

Subjekt	Prädikat	Übersetzung
Watakushi wa	*Kinoshita desu*	Ich bin/heiße Kinoshita.
Anata wa	*donata desu ka?*	Wer sind Sie?
Kore wa	*kyōkasho desu.*	Dies ist ein Lehrbuch.
Sore mo	*kyōkasho desu ka?*	Ist das auch ein Lehrbuch?
Kore wa	*kyōkasho dewa arimasen.*	Dies ist kein Lehrbuch.

Wie aus obigen Beispielsätzen ersichtlich, bildet man einfache Sätze des
Typs A = B (Gleichsetzung von Subjekt und Prädikat) nach der Formel:

A wa B desu,

in der Negation nach der Formel:

A wa B dewa arimasen.

2. Verb

Das Verb bildet den Satzabschluß. Auf das satzabschließende Verb können nur noch Partikeln folgen: in dieser Lektion die Fragepartikel *ka.*

Wie die Beispiele oben zeigen, kennt das Japanische keine Konjugation in
unserem Sinne. So bewirken weder Person noch Numerus eine Änderung
von Stamm oder Endung des Verbs. Der Satz *„Kore wa kyōkasho desu"*,
oben übersetzt mit „Dies **ist** ein Lehrbuch", kann auch „Dies **sind** Lehrbücher" bedeuten.

Die Endung des Verbs ändert sich jedoch z.B. bei negativen Aussagen,
wobei *desu* (sein) zu *dewa arimasen* (nicht sein) wird. Ein eigenes Nega-
tionswort wie das deutsche „nicht" oder „kein" gibt es nicht.

3. Substantiv

Substantive sind unveränderlich. Es gibt also keine Deklination, d.h. keine Flexion in Kasus und Numerus.

Das Japanische kennt auch weder Artikel noch grammatisches Ge-
schlecht. Ein isoliertes Substantiv hat also verschiedene Bedeutungen, wie
die folgenden Beispiele zeigen:

hon Buch, ein Buch, das Buch, Bücher, die Bücher

seito Schüler (Singular), ein Schüler, der Schüler; Schülerin, eine
Schülerin, die Schülerin; Schüler (Plural), Schülerinnen, die
Schüler, die Schülerinnen

Die Bedeutung (bestimmt oder unbestimmt, männlich oder weiblich, Singular oder Plural) ergibt sich meistens aus dem Textzusammenhang oder der jeweiligen Situation.

Die Bedeutung der Substantive und ihre Funktion im japanischen Satz erschließt sich weitgehend auch aus den Partikeln, die ihnen nachgestellt sind. Diese erfüllen somit eine ähnliche Funktion wie Präposition und Deklination im Deutschen und werden daher auch Postpositionen oder Kasuspartikeln genannt. Mit anderen Worten: Beziehungen zwischen Wörtern werden durch Partikeln hergestellt, die dem nominalen Attribut nachgestellt sind. Beziehungen speziell zwischen Substantiven (sowie substantivischen Wörtern und Ausdrücken) sind meistens durch die Partikel *no* gekennzeichnet (s. Abschnitt 7).

4. Themapartikel *wa*

Die Themapartikel *wa* ist Teil des „Subjekts" (dieser Begriff ist nur bedingt für die Erklärung der japanischen Grammatik geeignet), über das eine Aussage gemacht wird. Sie grenzt das Thema des Satzes von anderen Satzteilen ab und hat etwa die Bedeutung „was … betrifft", wird jedoch gewöhnlich nicht übersetzt. Man kann ihre Funktion auch als die einer Kasuspartikel ansehen: Nomina mit *wa* entsprechen dem Nominativ im Deutschen. *Wa* steht – wie auch alle anderen Partikeln – direkt hinter dem Nomen (Substantiv) bzw. Pronomen. Daher auch die Bezeichnung „Postpositionen" für diese Gruppe von Wörtern.

5. Partikel *mo*

Die Partikel *mo* folgt direkt auf das Bezugswort. *Mo* nimmt dabei die Stelle von *wa* ein, sofern im gleichen Satz ohne *mo* hinter dem Bezugswort die Partikel *wa* gestanden hätte.

*Kore **wa** kyōkasho desu.* → *Kore **mo** kyōkasho desu.*
Dies ist ein Lehrbuch.   Dies ist **auch** ein Lehrbuch.

6. Kopula *desu*

Wie in Abschnitt 1 erläutert, ist die Kopula *desu* Teil des Prädikats in dem Satztyp *A wa B desu*, in dem *A wa* das Subjekt repräsentiert. Wird das Subjekt eines Satzes weggelassen, fällt auch die Partikel *wa* als Teil des Subjekts weg.

Watakushi **desu**.	Ich bin (es).
Watakushi no hon **desu**.	(Es) ist mein Buch.
Kore **desu** *ka?*	Meinen Sie dies? (*Wörtl.* Ist [es] dies?)
Hai, sore **desu**.	Ja, das (meine ich).
Hai, sō **desu**.	Ja, so ist (es).
Iie, sō **dewa arimasen**.	Nein, so ist (es) nicht.

Für das deutsche Pronomen „es" in seiner oben angeführten Funktion gibt es im Japanischen kein entsprechendes Wort.

Da das Japanische keine Negationswörter wie „kein" und „nicht" kennt (vgl. Abschnitt 2), wird die Negation am Verb angezeigt. Die Kopula *desu* wird dabei zu *dewa arimasen*.

7. Attributivpartikel *no*

Attributive Beziehungen (z.B. Besitz, Zuhörigkeit) werden im Deutschen oft durch eine Genitivkonstruktion (z.B. das Buch des Lehrers) oder ein Possessivpronomen (mein Buch) dargestellt. Das Japanische kennt jedoch weder eine Deklination wie „des Lehrers" noch Possessivpronomina wie „mein". Es bedient sich zur Kennzeichnung attributiver Beziehungen häufig der Partikel *no*.

Anata **no** *onamae*	Ihr Name
Becker-san **no** *nōto*	Herrn Beckers Heft
Dare **no** *nōto*	Wessen Heft
Watakushi **no** *desu*	Es ist meiner; er gehört mir
Becker-san **no** *desu*	Es gehört Herrn Becker

Wie die beiden letzten Beispielsätze zeigen, kann das Nomen, das auf die Partikel *no* folgt (in diesem Fall *bōru-pen* und *nōto*), weggelassen werden, wenn es, z.B. durch Erwähnung im vorhergehenden Satz, als bekannt vorausgesetzt werden kann. Damit vermeidet man unnötige Wiederholungen – wie im Deutschen, wo das getilgte Nomen allerdings durch ein Pronomen ersetzt werden muß.

8. Fragepartikel *ka*

Fragesätze enden in der Regel mit der Partikel *ka*.

Braun-san wa donata desu ka?	Wer ist Herr/Frau Braun?
Sore mo kyōkasho desu ka?	Ist das auch ein Lehrbuch?

Ist nach zwei oder mehr Personen, Gegenständen, Eigenschaften oder
Mengen gefragt, löst man den Satz in eine entsprechende Anzahl von
Gliedern auf, die alle auf die Fragepartikel *ka* enden. Die einzelnen
Satzglieder werden im Deutschen durch „oder" miteinander verbunden.

*Sore wa hon desu **ka**, shinbun desu **ka**?*	Ist das da ein Buch oder eine Zeitung?
*Are wa e desu **ka**, shashin desu **ka**?*	Ist das dort ein Gemälde oder ein Foto?

9. Verkürzte Fragesätze ohne *ka*

Im Japanischen gibt es vielfältige Möglichkeiten, Sätze zu verkürzen. In
Abschnitt 6 sind Beispielsätze ohne Subjekt angeführt, unter Abschnitt 7
solche, in denen ein Nomen weggelassen ist. Bei Fragesätzen kann in bestimmten Fällen das Prädikat mit der Fragepartikel *ka* fortfallen. Kontext und Intonation lassen auch ohne die Fragepartikel erkennen, daß es
sich um eine Frage handelt.

Verkürzter Fragesatz	Übersetzung	Vollständiger Fragesatz
Anata wa?	Und Sie? Und wer sind Sie?	*Anata wa donata desu ka?*
Anata no onamae wa?	Wie ist Ihr Name?	*Anata no onamae wa nan desu ka?*
Dewa, sore wa?	Nun, und was ist das?	*Dewa, sore wa nan desu ka?*

10. Demonstrativwörter *kore, sore* und *are*

Diese drei Demonstrativwörter geben an, ob sich eine Person oder ein
Gegenstand in der Nähe des Sprechers, des Hörers oder von beiden entfernt befindet.

> *kore* = dies   (beim Sprecher)
> *sore* = das da   (beim Gesprächspartner)
> *are* = das dort   (von beiden weiter entfernt)

Das zu diesen Demonstrativwörtern gehörende Fragewort ist *dore* = „welches".

11. Fragewörter *dare* und *donata*

Beide Fragewörter benutzt man in Bezug auf Personen, sie sind daher mit „wer" zu übersetzen. Während jedoch *dare* ein allgemeines, höflichkeitsneutrales Fragewort ist, drückt *donata* Höflichkeit gegenüber der Person aus, nach der gefragt wird.

*Anata wa **donata** desu ka?*	Wer sind Sie?
*Braun-san wa **donata** desu ka?*	Wer (von Ihnen) ist Frau Braun?
*Kore wa **dare** no nōto desu ka?*	Wem gehört dieses Heft?

12. *hai*, *ē* und *iie*

Auf *hai*, *ē* und *iie* folgt häufig ein ergänzender Satz.

***Hai**, sō desu.*	Ja; so ist es.
***Hai**, sore desu.*	Ja, das (da bei Ihnen) meine ich.
***Iie**, sō dewa arimasen.*	Nein, so ist es nicht.
***Ē**, kore mo kyōkasho desu.*	Ja, dies ist auch ein Lehrbuch.

13. Höflichkeitspräfix *o*

Das Höflichkeitspräfix *o* steht als Ausdruck des Respekts vor bestimmten Wörtern, die sich auf den Hörer oder eine dritte Person beziehen*. Damit fungiert es gleichzeitig als eine Art Possessivpronomen und ist deshalb oft mit „Ihr" zu übersetzen.

* Eine andere Verwendung des Präfixes *o* wird in Band 2, Lektion 4 C 4 behandelt.

Vergleichen Sie:

namae	der/ein Name
onamae	**Ihr** Name; sein/ihr Name
watakushi no namae	mein Name

Bei der alfabetischen Einordnung in Wörterbüchern und Lexika wird das Präfix *o* nicht berücksichtigt. Man findet also nur den Eintrag *namae*, nicht aber *onamae*. Ebenso wird im Vokabelteil des vorliegenden Bandes verfahren.

Da es keine allgemeingültige Regel für die Verwendung des Präfixes *o* gibt, sondern allein der Sprachgebrauch darüber entscheidet, sollte man es nur mit Wörtern und in Situationen verwenden, in denen es einem bereits begegnet ist.

14. *o* und *anata*

Durch Vorschalten von *anata no* (= Ihr) vor ein Wort mit dem Höflichkeitspräfix *o* entsteht scheinbar eine Redundanz. Der Gebrauch von *anata* kann in diesen Fällen aber dazu dienen, das Wort „Ihr", d.h. die Zugehörigkeit zu betonen und/oder den Satz höflicher zu machen.

A n a t a no onamae wa?	Wie heißen S i e ? Wie ist I h r Name?
Anata no o n a m a e wa?	Wie h e i ß e n Sie? Wie ist Ihr werter Name?

15. Anrede

Die Anrede *anata* wird im Japanischen seltener gebraucht als das entsprechende „Sie" im Deutschen. Oftmals zieht man es vor, jemanden mit seinem Namen anzureden oder mit dem Titel *sensei* bei Lehrern (im weitesten Sinne), Ärzten, Professoren usw.

Müller-san no kyōkasho desu ka?	Ist das Ihr Lehrbuch, Frau Müller?
Kore wa sensei no bōru-pen desu ka?	Ist dies Ihr Kugelschreiber (Herr Lehrer)? Gehört der Kugelschreiber Ihnen?

Je nach Situation können die beiden obigen Sätze auch folgende Bedeutung haben:

Ist dies das Lehrbuch von Herrn/Frau/Fräulein Müller?
= Gehört dies Lehrbuch Herrn/Frau/Fräulein Müller?
Ist dies der Kugelschreiber des Lehrers/der Lehrerin?
= Gehört dieser Kugelschreiber dem Lehrer/der Lehrerin?

16. Fremdwörter

Im Japanischen gibt es eine ständig wachsende Zahl vor allem aus dem Englischen übernommener Fremdwörter. Da der japanische Lautbestand nicht aus einzelnen Buchstaben, sondern aus einer begrenzten Anzahl offener Silben besteht, lassen sich fremde Laute, insbesondere Häufungen von Konsonanten, oft nur unzureichend wiedergeben: das Original ist nach der Übernahme ins Japanische in vielen Fällen nicht mehr wiederzuerkennen. Der Buchstabe l wird, da er im Japanischen nicht vorkommt, in der Regel durch r wiedergegeben.

nōto	von "note(-book)"
bōru-pen	von "ball pen"

C. Lautlehre

1. Das japanische Alfabet

Das japanische „Alfabet" besteht aus 46 Silben. Diese sind in einer aus 51 Feldern (10 × 5 + 1) bestehenden Tabelle angeordnet, die möglicherweise einmal 50 Laute umfaßte. Man nennt diese Tabelle daher die „Fünfzig-Laute-Tafel". Einige Laute sind im Laufe der Zeit verlorengegangen (daher die leeren Felder), das außerhalb des Schemas in einem gesonderten Feld stehende n ist später hinzugekommen. Die Tafel ist, beginnend mit der obersten Reihe, von links nach rechts zu lesen. Das japanische „Alfabet" beginnt also mit a, i, u, e, o. Die oberste Reihe der 50-Laute-Tafel enthält die fünf Vokale des Japanischen. Die Silben der folgenden neun Reihen enthalten als Auslaut diese gleichen fünf Vokale in eben der gleichen Abfolge, als Anlaut für jede Reihe einen bestimmten Konsonanten (bzw. die Halbvokale y und w). Um sich die Abfolge der (ohne n) 45 Silben zu merken, braucht man somit nur die Vokalreihe a-i-u-e-o und die Konsonantenfolge k-s-t-n-h-m-y-r-w zu kennen.

Abweichungen von diesem Schema gibt es im Anlaut folgender Silben: *shi* (statt *si*), *chi* (statt *ti*), *tsu* (statt *tu*), *fu* (statt *hu*), *o* in der wa-Reihe statt *wo*.

Während man die waagerecht angeordneten fünf Silben als „Reihen" bezeichnet, nennt man die senkrecht angeordneten 10 Felder „Stufen". Zur Bezeichnung einer bestimmten Reihe oder Stufe verwendet man die jeweils erste Silbe: Die Tafel beginnt also von oben nach unten mit der a-Reihe, der ka-Reihe usw., von links nach rechts mit der a-Stufe, der i-Stufe usw.

Vokal-Auslaut / Konsonant-Anlaut	*a*	*i*	*u*	*e*	*o*	⊙⊙
(a)	*a*	*i*	*u*	*e*	*o*	
k	*ka*	*ki*	*ku*	*ke*	*ko*	
s	*sa*	*shi*	*su*	*se*	*so*	
t	*ta*	*chi*	*tsu*	*te*	*to*	
n	*na*	*ni*	*nu*	*ne*	*no*	
h	*ha*	*hi*	*fu*	*he*	*ho*	
m	*ma*	*mi*	*mu*	*me*	*mo*	
y	*ya*		*yu*		*yo*	
r	*ra*	*ri*	*ru*	*re*	*ro*	
w	*wa*				*o*	*n*

Die Abfolge der in der Tafel enthaltenen Silben nennt man nach den fünf Anfangsvokalen *Aiueo* (vgl. „Alfa-Bet[a]"). Das *Aiueo* kann man also als „japanisches Alfabet" ansehen. Nach ihm sind die meisten Wörterbücher und andere Nachschlagewerke geordnet.

Die Kenntnis der 50-Laute-Tafel, d.h. der Anordnung und Reihenfolge der darin schematisch erfaßten Silben, ist von grundlegender Bedeutung nicht nur für die Benutzung japanischer Nachschlagewerke, sondern auch für das Verständnis der japanischen Grammatik.

2. Vokale

(Die in diesem Abschnitt aufgeführten japanischen Beispielwörter sind der Lektion 1 entnommen.)

Die fünf Vokale des Japanischen haben etwa die Länge der entsprechenden Vokale in den deutschen Beispielen.

⊙⊙

Vokal	Beispiel	deutsche Entsprechung	Besonderheiten bei der Lautbildung
a	*anata*	Kanada	keine
i	*mina*	kichern	Lippen breiter auseinandergezogen als beim „i" in kichern
u	*shinbun*	Bund	Lippen weder vorgeschoben noch gerundet, sondern ein wenig seitlich auseinandergezogen
e	*desu*	Test	keine
o	*no*	noch	keine

Der japanische Vokallaut *u* weicht am deutlichsten von dem entsprechenden deutschen Vokal ab.

Charakteristisch für die Lautbildung im Japanischen ist die relativ geringe Änderung der Lippenstellung.

Zwischen zwei stimmlosen Konsonanten und am Wortende nach *s* und *ts* wird der Vokal *u* so schwach ausgesprochen, daß er häufig – besonders beim schnellen Sprechen – kaum noch zu hören ist. Auch beim *i* tritt der Vokalschwund ein, wenn es zwischen zwei stimmlosen Konsonanten steht.

> *watak$_u$shi   des$_u$ shōsets$_u$ Kinosh$_i$ta*   🔊

Auch sonst wird der Vokal *u* als relativ schwach und farblos empfunden. Daher verwenden die Japaner bei Fremdwörtern häufig eine auf *u* endende Silbe, wo im Original mehrere Konsonanten aufeinanderfolgen oder ein Schlußkonsonant steht (außer bei *n*, das eine eigene Silbe darstellt). Mit den offenen japanischen Silben lassen sich die in den meisten Sprachen anzutreffenden Konsonsantenhäufungen nur schwer wiedergeben.

> *bōru-pen*   🔊

Jedem der fünf kurzen Vokale entspricht ein langer Vokal. Die doppelte Vokallänge wird bei *a*, *u* und *o* durch einen Dehnungsstrich angezeigt, bei *i* und *e* in der Regel durch Anfügen eines *i*. Bei einigen wenigen Wörtern schreibt man das lange *e* mit Dehnungsstrich.

🔊

a	*i*	*u*	*e*	*o*
ā	*iie*	*ū*	*seito*	*sō*
			sensei	*sayōnara*
			aber: *ē*	*nōto*

In Fremdwörtern schreibt man langes *i* und langes *e* immer *ī* und *ē*.

3. Halbvokale

y und *w* bezeichnet man als Halbvokale, da sie einen leicht vokalischen Anlaut aufweisen, nämlich *i* bei *y* und *u* bei *w*.

> *y: sayōnara*   (etwa: Joghurt, Yacht)   🔊
> *w: watakushi, wa*   (etwa: Whisky)

4. Akzent

Im Japanischen ist die unterschiedliche Betonung der Silben eines Wortes nicht so ausgeprägt wie im Deutschen. Häufig sind die Unterschiede so gering, daß man nicht sagen kann, auf welcher Silbe nun eigentlich die Betonung liegt. Silben, in denen die Vokale *u* und *i* kaum hörbar ausgesprochen werden, haben eine entsprechend schwache Betonung. Charakteristisch für das Japanische ist der melodische Akzent, bei dem einzelne Silben oder Silbengruppen unterschiedliche Tonhöhen aufweisen. Die Tonhöhe kann zwar ein Unterscheidungsmerkmal sonst gleichlautender Wörter sein, ist aber für das Verständnis von geringerer Bedeutung als die Betonung im Deutschen. Im übrigen kann der Akzent in den verschiedenen Regionen des Landes von dem als Standardsprache geltenden Tōkyō-Dialekt erheblich abweichen. Schließlich kann sich der Akzent eines Wortes entsprechend seiner Verwendung im Kontext, z.B. innerhalb eines Kompositums, ändern. Aus den genannten Gründen, aber auch weil die Kennzeichnung der Tonhöhen im Text ein flüssiges Lesen und die Konzentration beim Hören (Vorlesen des Lehrers oder Abspielen des Kassettentonbandes mit den Lektionstexten) beeinträchtigen würde, verzichtet das vorliegende Lehrbuch auf Akzentzeichen.

D. Übungen

1. Setzen Sie die richtigen Partikeln ein:

1. *Watakushi ..... Kinoshita desu.*
2. *Anata ..... donata desu ka?*
3. *Kore ..... Kinoshita-san no bōru-pen desu.*
4. *Kore ..... jisho desu. Sore ..... jisho desu ..... ?*
5. *Are ..... shinbun desu ..... , zasshi desu ..... ?*
6. *Sore ..... dare ..... nōto desu ..... ?*
7. *Anata ..... Kinoshita-san desu ..... ?*
8. *Sensei ..... namae ..... Kinoshita desu.*
9. *Kore ..... Braun-san ..... hon desu ..... ? – Hai, watakushi ..... desu.*

2. Setzen Sie passende Demonstrativ- und Fragewörter ein:

1. *Anata wa .... desu ka?*
2. *Kore wa Braun-san no jisho desu ka? – Hai, ... wa Braun-san no desu.*

3. *Are wa e desu ka? – Iie, ... wa shashin desu.*
4. *......... wa .... desu ka? – Are wa shōsetsu desu.*
5. *Sore wa shinbun desu ka? – Iie, ... wa zasshi desu.*
6. *Müller-san wa .... desu ka?*
7. *......... wa .... desu ka? – .... desu ka? – Sore desu.*
8. *......... wa .... no jisho desu ka? – Sore wa Kunze-san no desu.*

3. **Bilden Sie Fragesätze mit der Partikel *mo*:**

Beispiel: *Kore wa jisho desu.* → *Kore mo jisho desu ka?*

1. *Sore wa shashin desu.*
2. *Are wa e desu.*
3. *Kore wa sensei no bōru-pen desu.*

4. **Bilden Sie die Negationsform:**

Beispiel: *Watakushi wa Kinoshita desu.*
→ *Watakushi wa Kinoshita dewa arimasen.*

1. *Kore wa shōsetsu desu.*
2. *Are wa watakushi no nōto desu.*
3. *Sore mo Jäger-san no shinbun desu.*
4. *Hai, sō desu.*
5. *Ē, watakushi no desu.*

5. **Antworten Sie:**

1. *Anata wa donata desu ka?*
2. *Anata wa Aumann-san desu ka?*
3. *Anata no onamae wa?*
4. *Kore wa nan desu ka?* (Lehrbuch)
5. *Are wa zasshi desu ka?* (nein, Zeitung)
6. *Sore wa jisho desu ka, kyōkasho desu ka?* *(jisho)*
7. *Kore wa anata no nōto desu ka?* (ja)
8. *Kore wa Aumann-san no bōru-pen desu ka?* (nein, nicht Frl. Aumanns)

6. **Bilden Sie passende Fragen zu folgenden Antworten:**

1. *Watakushi wa Kunze desu.*
2. *Watakushi desu.*
3. *Hai, sō desu.*
4. *Iie, sō dewa arimasen.*
5. *Ē, kore mo jisho desu.*
6. *Hai, watakushi no desu.*

7. *Kore wa zasshi desu.*
8. *Ē, sore desu.*
9. *Iie, sore wa Braun-san no dewa arimasen.*
10. *Are wa shashin desu.*
11. *Sore wa Klein-san no desu.*

7. Übersetzen Sie:

1. Guten Tag!
2. Auf Wiedersehen!
3. Wie ist Ihr Name? – Ich bin/heiße Aumann. Und wie ist Ihr Name?
4. Sind Sie Frau Braun? – Ja, das bin ich (*wörtl.* Ja, so ist es).
5. Wer ist Fräulein Aumann? – Ich (bin es).
6. Sind Sie Herr Kunze? – Nein, das bin ich nicht (*wörtl.* Nein, so ist es nicht). – Ach so.
7. Der Name des Lehrers.
8. Die Namen der Schüler.
9. Ist das Ihr Wörterbuch, Herr *Kinoshita*? – Ja.
10. Wem gehört dieses Buch? – Mir.
11. Ist das Ihr Kugelschreiber? – Welcher? – Der da. – Ja, es ist meiner.
12. Ist dies Ihr Schreibheft, Herr Jäger? – Nein, es gehört Frau Müller.
13. Ist das dort eine Zeitung oder eine Zeitschrift? – Eine Zeitung. – Und das da? – Dies? – Nein, das. – Dies ist eine Zeitschrift.
14. Bücher und Zeitschriften.
15. Herr *Kinoshita* und ich.

Dai-2-ka

Shigoto – Kazu – Iro

1.

Sensei: Mina-san, konban wa!

Seito: Konban wa!
Sensei: Klein-san no oshigoto wa nan desu ka?
Klein: Watakushi wa ongakka desu.
Sensei: Jäger-san mo ongakka desu ka?
Jäger: Iie, watakushi wa mada gaku-sei desu.
Sensei: Müller-san wa donna oshigo-to desu ka?
Müller: Watakushi wa hisho desu.
Sensei: Kunze-san no oshigoto wa nan desu ka?
Kunze: Watakushi wa kaishain de-su.
Sensei: Aumann-san wa donna oshi-goto desu ka?
Aumann: Watakushi wa kyōshi desu.

2.

Sensei: Kyōshitsu ni ōkii mado ga arimasu. Ikutsu arimasu ka?
Seito: Hitotsu, futatsu, mittsu, yot-tsu. Mado ga yottsu arimasu.
Sensei: Hai, kekkō desu. Tsukue ga ikutsu arimasu ka?
Seito: Itsutsu arimasu.
Sensei: Sō desu ne. Itsutsu no tsukue ga arimasu. Isu mo itsutsu arima-su ka?
Seito: Iie, isu wa itsutsu arimasen. Tō arimasu.
Sensei: Tēburu mo arimasu ka?
Seito: Iie, tēburu wa arimasen.

Lektion 2

Berufe – Zahlen – Farben

🔘🔘

1.

Lehrer: Guten Abend, meine Da-men und Herren!

Schüler: Guten Abend!
Lehrer: Was ist Ihr Beruf, Herr Klein?
Klein: Ich bin Musiker.
Lehrer: Herr Jäger, sind Sie auch Musiker?
Jäger: Nein, ich bin noch Student.

Lehrer: Was sind Sie von Beruf, Frau Müller?
Müller: Ich bin Sekretärin.
Lehrer: Was ist Ihr Beruf, Herr Kunze?
Kunze: Ich bin Angestellter.

Lehrer: Was haben Sie für einen Be-ruf, Fräulein Aumann?
Aumann: Ich bin Lehrerin.

2.

Lehrer: Das Klassenzimmer hat große Fenster. Wie viele?
Schüler: Eins, zwei, drei, vier. Es hat vier Fenster.
Lehrer: Ja, gut. Wie viele Schreibti-sche gibt es?
Schüler: Fünf.
Lehrer: Ganz recht, fünf Schreibti-sche. Gibt es auch fünf Stühle?

Schüler: Nein, es gibt keine fünf Stühle. Es gibt zehn.
Lehrer: Gibt es auch Tische?
Schüler: Nein, Tische gibt es nicht.

3.

Sensei: Kono hon wa donna iro desu ka?

Seito: Sono hon wa murasakiiro desu.

Sensei: Sono hon wa?

Seito: Dono hon desu ka?

Sensei: Sono usui hon desu.

Seito: Kono hon wa kiiro desu.

Sensei: Ii iro desu ne. Sono atsui hon wa jisho desu ka?

Seito: Hai, sō desu.

Sensei: Ano chiisai ie wa akai desu. Sora wa aoi desu. Ano ki wa midoriiro desu. Kami wa shiroi desu. Kabe mo shiroi desu. Shiroi kabe ni kokuban ga arimasu. Kokuban wa kuroi desu ka, midoriiro desu ka?

Seito: Midoriiro desu.

Sensei: Hai, midoriiro no kokuban desu. Dewa, doa wa nani-iro desu ka?

Seito: Chairo desu.

Sensei: Kono enpitsu wa nagai desu ka, mijikai desu ka?

Seito: Kanari nagai desu.

3.

Lehrer: Was für·eine Farbe hat dieses Buch?

Schüler: Das Buch da ist violett.

Lehrer: Und das Buch da?

Schüler: Welches Buch meinen Sie?

Lehrer: Das dünne Buch da.

Schüler: Dieses Buch ist gelb.

Lehrer: Eine schöne Farbe, nicht wahr? Ist das dicke Buch da ein Wörterbuch?

Schüler: Ja.

Lehrer: Das kleine Haus dort ist rot. Der Himmel ist blau. Der Baum dort ist grün. Das Papier ist weiß. Die Wand ist auch weiß. An der weißen Wand hängt (*wörtl.* ist) eine Tafel. Ist die Tafel schwarz oder grün?

Schüler: Sie ist grün.

Lehrer: Ja, es ist eine grüne Tafel. Nun, welche Farbe hat die Tür?

Schüler: Sie ist braun.

Lehrer: Ist dieser Bleistift lang oder kurz?

Schüler: Er ist ziemlich lang.

A. Vokabeln

ni	zwei
dai-ni-ka	Lektion 2
shigoto	Beruf, Arbeit
kazu	Zahl
iro	Farbe

1.

Konban wa!	Guten Abend!
ongakka	Musiker(in)
mada	noch
gakusei	Student(in)

donna	was für ein	**3.**	
hisho	Sekretär(in)	*kono*	dieses (hier)
kaishain	Angestellte(r) (ei-	*sono*	das (da)
	ner Firma)	*murasakiiro*	violett
kyōshi	Lehrer(in)	*dono*	welches
		usui	dünn
2.		*kiiro*	gelb
kyōshitsu	Klassenzimmer	*ii*	gut, schön
ni	in, an	*atsui*	dick
ōkii	. groß	*ano*	das dort
mado	Fenster	*chiisai*	klein
ga	(Subjekt-Partikel)	*ie*	Haus
arimasu	da/vorhanden sein,	*akai*	rot
	es gibt	*sora*	Himmel
ikutsu	wie viele	*aoi*	blau, grün
hitotsu	eins	*ki*	Baum
futatsu	zwei	*midoriiro*	grün
mittsu	drei	*kami*	Papier
yottsu	vier	*shiroi*	weiß
kekkō	gut, schön, genug	*kabe*	Wand, Mauer
tsukue	Schreibtisch	*kokuban*	Tafel
itsutsu	fünf	*kuroi*	schwarz
ne	nicht wahr?	*doa*	Tür
sō desu ne	ganz recht, stimmt	*nani*	was
isu	Stuhl	*nani-iro*	was für eine Farbe,
arimasen	nicht da/vorhan-		welche Farbe
	den sein, es gibt	*chairo*	braun
	nicht/kein	*enpitsu*	Bleistift
tō	zehn	*nagai*	lang
tēburu	Tisch	*mijikai*	kurz
		kanari	ziemlich

B. Grammatik

1. Adjektiv

Adjektive erkennt man an der Endsilbe *i*, der einer der vier Vokale *a*, *i*, *u* oder *o* vorausgeht. Mit anderen Worten: Adjektive enden auf *ai*, *ii*, *ui* oder *oi*.

chiisai	*ii*	*usui*	*aoi*
akai	*ōkii*	*atsui*	*shiroi*
nagai			*kuroi*
mijikai			

Kekkō ist also kein Adjektiv. (Die Gruppe der Wörter, zu denen *kekkō* gehört, wird in Lektion 5 behandelt.)

Adjektive stehen (wie im Deutschen) vor dem Bezugswort.

ōkii mado,   usui hon,   mijikai enpitsu,   chiisai ie

Adjektive können auch adverbial (prädikativ) benutzt werden.

aoi desu,   akai desu,   nagai desu,   mijikai desu

Die Farbbezeichnungen *murasakiiro*, *kiiro*, *midoriiro* und *chairo* sind Komposita, deren zweiter Bestandteil *iro* (= Farbe) anzeigt, daß es sich um Substantive handelt. Im Gegensatz zu den adjektivischen Farbbezeichnungen erfordern sie die Attributivpartikel *no* als Bindeglied zum darauffolgenden Substantiv, auf das sie sich beziehen.

midoriiro no kokuban

2. Demonstrativwörter *kono*, *sono* und *ano*

Diese drei Demonstrativa entsprechen den in Lektion 1.B.10 aufgeführten Demonstrativwörtern. Sie ersetzen aber nicht wie diese ein Nomen, sondern stehen wie Adjektive vor dem Nomen.

kore – **kono**	(beim Sprecher)
sore – **sono**	(beim Gesprächspartner)
are – **ano**	(von beiden weiter entfernt)

Das zu diesen Demonstrativwörtern gehörende Fragewort ist **dono** (vgl. **dore**).

Beispiele für die Verwendung von Demonstrativwörtern anstelle von und mit Nomina:

Kore wa kyōkasho desu	→	*Kono kyōkasho*
Dies ist ein Lehrbuch		Dieses Lehrbuch
Sore wa zasshi desu	→	*Sono zasshi*
Das ist eine Zeitschrift		Die Zeitschrift da
Are wa shinbun desu	→	*Ano shinbun*
Das dort ist eine Zeitung		Die Zeitung dort
Dore desu ka?	→	*Dono hon desu ka?*
Welches meinen Sie?		Welches Buch meinen Sie?

3. *ga arimasu*

Auf ein vor *arimasu* stehendes Subjekt folgt (fast immer) die Subjektpartikel *ga*.

> *Kyōshitsu ni ōkii mado ga arimasu.*
> *Mado ga yottsu arimasu.*
> *Tsukue ga ikutsu arimasu ka?*

Fehlt das Subjekt, entfällt damit auch die dazugehörige Partikel *ga*.

> *Ikutsu arimasu ka?*
> *Itsutsu arimasu.*

Die Partikel *ga* kann, ebenso wie die Partikel *wa* (vgl. Lektion 1.B.5), durch *mo* ersetzt werden.

> *Isu mo itsutsu arimasu ka?*
> *Tēburu mo arimasu ka?*

4. *wa arimasen*

In Verbindung mit *arimasen*, der Negationsform von *arimasu*, tritt anstelle von *ga* meistens die Partikel *wa*. Die Kopula *desu* ist eine verkürzte Form von *de arimasu*; in der Negation (*dewa arimasen*) ist diese

ursprüngliche Form noch erhalten, wie die beiden letzten der folgenden
Beispielsätze zeigen.

> *Iie, isu **wa** itsutsu **arimasen**.*
> Nein, es gibt nicht/keine 5 Stühle.
>
> *Iie, tēburu **wa arimasen**.*
> Nein, es gibt keine Tische.
>
> *Iie, sō **dewa arimasen**.*
> Nein, so ist es nicht.
>
> *Iie, kore wa kyōkasho **dewa arimasen**.*
> Nein, dies ist kein Lehrbuch.

Auch in der Negation kann *wa* durch *mo* ersetzt werden.

> *Iie, tēburu **mo** arimasen.*
> Nein, es sind auch keine Tische da.

5. *ni* bei Ortsangaben

Die Postposition *ni* gibt den Ort an, wo sich etwas befindet.

> *Kyōshitsu **ni** ōkii mado ga arimasu.*
> **Im** Klassenzimmer gibt es große Fenster = Das Klassenzimmer
> hat große Fenster.
>
> *Shiroi kabe **ni** kokuban ga arimasu.*
> **An** der weißen Wand gibt es (= hängt) eine Tafel.

6. *shigoto*

Es gibt unter anderem folgende zwei Möglichkeiten, nach dem Beruf zu
fragen.

> *Klein-san no **oshigoto wa nan** desu ka?*
> Was ist Ihr Beruf, Herr Klein? = Was sind Sie von Beruf?
>
> *Müller-san wa **donna oshigoto** desu ka?*
> Welchen Beruf haben Sie, Frau Müller? = Was sind Sie von Beruf?

7. *iro*

Auch nach der Farbe kann man auf verschiedene Weise fragen.

> *Tsukue wa **nani-iro** desu ka?*
> Welche Farbe haben die Tische?
>
> *Kono hon wa **donna iro** desu ka?*
> Was für eine Farbe hat dieses Buch?

8. *nani* und *nan*

Es handelt sich um ein und dasselbe Fragewort. Welches von beiden man gebraucht, hängt z.T. ab von der darauffolgenden Silbe: handelt es sich um einen Vokal, benutzt man in der Regel *nani* (z.b. *nani-iro*); handelt es sich um eine Silbe mit konsonantischem Anlaut (insbesondere *d* oder *n*, benutzt man meistens *nan* (z.b. *nan desu ka*).

9. *kyōshi* und *sensei*

Kyōshi ist die Berufsbezeichnung für Lehrer an einer Schule, *sensei* dagegen eine allgemeine Bezeichnung für Lehrer im weitesten Sinne, die zugleich der Anrede dient (vgl. Lektion 1.B.15). Ein *kyōshi* wird von seinen Schülern mit *sensei* angeredet.

10. Die japanischen Zahlen von 1 bis 10

Die japanischen Zahlen von 1 bis 9 enden auf die Silbe *tsu*.

1 *hitotsu*	2 *futatsu*	3 *mittsu*	4 *yottsu*	5 *itsutsu*
6 *muttsu*	7 *nanatsu*	8 *yattsu*	9 *kokonotsu*	10 *tō*

Das dazugehörige Fragewort „wie viele" heißt *ikutsu*.
Zahlen stehen entweder vor dem Wort, auf das sie sich beziehen, mit diesem verbunden durch die Attributivpartikel *no*, oder direkt dahinter, unverbunden oder verbunden mit einer Partikel wie *ga*, *wa* oder *mo*.

> ***Itsutsu no** tsukue ga arimasu.*
> *Mado ga **yottsu** arimasu.*
> *Isu wa **itsutsu** arimasen.*
> *Isu mo **itsutsu** arimasu ka?*

C. Lautlehre

1. Zusatztafel zur 50-Laute-Tafel

Außer den in der 50-Laute-Tafel enthaltenen Silben gibt es weitere Silbenlaute, die von der Tafel abgeleitet sind:

a. Ableitung von stimmhaften aus stimmlosen Konsonanten:

$$k \rightarrow g, \quad s \rightarrow z, \quad t \rightarrow d$$

b. Ableitung von stimmhaftem und stimmlosem Lippenverschlußlaut aus Hauchlaut:

$$h \rightarrow b, \quad h \rightarrow p$$

c. Bildung von Silben mit einem Konsonanten aus der *i*-Stufe oder einem davon abgeleiteten Konsonanten als Anlaut und einer Silbe aus der *ya*-Reihe als Auslaut (nach *sh*, *ch* und *j* entfällt das *y*):

$$k + ya \rightarrow kya \qquad k + yu \rightarrow kyu \qquad k + yo \rightarrow kyo$$
$$g + ya \rightarrow gya \qquad g + yu \rightarrow gyu \qquad g + yo \rightarrow gyo$$
usw.

Die folgende Zusatztafel enthält die nach den oben geschilderten drei Methoden aus der 50-Laute-Tafel abgeleiteten Silben.

		a	i	u	e	o
a.	g	ga	gi	gu	ge	go
	z	za	ji	zu	ze	zo
	d	da	ji	zu	de	do
b.	b	ba	bi	bu	be	bo
	p	pa	pi	pu	pe	po
c.	k	kya		kyu		kyo
	g	gya		gyu		gyo
	s	sha		shu		sho
	z	ja		ju		jo
	t	cha		chu		cho
	n	nya		nyu		nyo
	h	hya		hyu		hyo
	b	bya		byu		byo
	p	pya		pyu		pyo
	m	mya		myu		myo
	r	rya		ryu		ryo

Die zweimal vorkommenden Silben *ji* und *zu* sind fonetisch sowie in der Transkription mit Lateinbuchstaben vollkommen identisch, unterscheiden sich jedoch in der *Kana*-Schreibung.

2. Konsonanten

(Die in diesem Abschnitt und in den folgenden Abschnitten 3–5 angeführten japanischen Beispielwörter sind den Lektionen 1–3 entnommen.)

Die meisten Konsonanten werden ähnlich wie im Deutschen ausgesprochen. Die folgende Übersicht berücksichtigt nur die erheblich vom Deutschen abweichenden Laute und solche, die aufgrund der Transkription mit Lateinbuchstaben nicht eindeutig festgelegt sind.

Konsonant	Beispielwort	deutsche oder englische Entsprechung	Bemerkungen
g	*shigoto, ga*	Zan<u>g</u>e	nasal im Inlaut und in der Partikel *ga*
	gakusei	<u>G</u>as	im Anlaut wie deutsches „g"
s	*sensei*	Gra<u>s</u>, Han<u>s</u>	stimmlos
z	*kazu*	Ha<u>s</u>e	stimmhaftes „s"
sh	*shashin*	(*etwa*): A<u>sch</u>e	Lippen weiter auseinandergezogen als beim deutschen „sch"
j	*jisho*	<u>G</u>in, <u>j</u>ingle bells	
ch	*konnichi wa*	deu<u>tsch</u>, <u>Ch</u>arles	
ts	*itsutsu*	<u>Z</u>ucker	
h + i	*hitotsu*	i<u>ch</u>, <u>Ch</u>ina	
f + u	*futatsu*	(keine)	obere Schneidezähne berühren nicht die Unterlippe: zwischen „h" und „f"
r	*kore*	(keine)	Zungenspitze schlägt kurz gegen den Vordergaumen: zwischen „r", „l" und „d"
n	*sensei*	Da<u>n</u>k	nasal vor *k, s, w* und *g*

3. Doppelkonsonanten

Die durch Doppelkonsonanten wiedergegebenen Silbenlaute sind weder in der 50-Laute-Tafel noch in der Zusatztafel erfaßt. Folgende Doppelkonsonanten können auftreten:

> *kk,   ss,   ssh,   tt,   tch,   tts,   pp*

Beispiele:

> *dai-ikka**   *zasshi*   *mittsu*
> *kekkō*   *yottsu*

* Zusammenziehung aus *ichi* + *ka*

Die durch Doppelkonsonanten ausgedrückten sog. „gespannten" Laute sind Kehlverschlußlaute, die der Dauer einer Silbe entsprechen. Eigentlich handelt es sich hierbei nicht um einen Laut, sondern um eine Pause, die durch plötzliches Anhalten der ausströmenden Luft in der Kehle am Ende eines Vokals entsteht.

Zwei aufeinanderfolgende *n* wie in *konnichi wa* oder *donna* gelten nicht als Doppelkonsonant im obigen Sinne, da das jeweils erste *n* eine eigene Silbe darstellt.

4. Diftonge

Die Vokalfolgen *ai* und *oi* entsprechen, zumindest beim schnellen Sprechen, ungefähr den deutschen Lauten „ei" und „eu".

> *hai, akai, chairo*   *etwa wie* Main
> *aoi, shiroi, kuroi*   *etwa wie* deutsch

Andere Vokale verschmelzen zwar nicht in dem Maße wie *ai* und *oi*, gehen aber nahtlos, d.h. ohne ein Anhalten der Luft wie häufig im Deutschen, ineinander über (vgl. *aoi*, aber „A-orta").

5. Silbe *n* vor *b*, *p* und *m*

Die Silbe *n* wird vor den Konsonanten *b*, *p* und *m* wie *m* ausgesprochen.

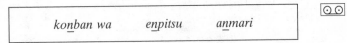

> *konban wa*   *enpitsu*   *anmari*

D. Übungen

1. Setzen Sie die richtigen Partikeln ein:

  1. *Braun-san* ..... *mada gakusei desu.*
  2. *Aumann-san* ..... *donna oshigoto desu* ..... *?*
  3. *Kunze-san* ..... *oshigoto* ..... *nan desu* ..... *?*
  4. *Kyōshitsu* ..... *muttsu* ..... *mado* ..... *arimasu.*
  5. *Tsukue* ..... *ikutsu arimasu* ..... *?*
  6. *Iie, tēburu* ..... *kokonotsu arimasen.*
  7. *Kono jisho* ..... *?*
  8. *Dono jisho desu* ..... *?*
  9. *Sono akai hon* ..... *jisho desu* ..... *?*
 10. *Kabe* ..... *kokuban* ..... *arimasu.*
 11. *Kinoshita-san* ..... *ie* ..... *ōkii desu* ..... *, chiisai desu* ..... *?*
 12. *Chairo* ..... *tsukue.*

2. Bilden Sie die Negationsform:

  Beispiel: *Isu ga arimasu.* → *Isu wa arimasen.*

  1. *Mado ga muttsu arimasu.*
  2. *Nanatsu no isu ga arimasu.*
  3. *Watakushi wa gakusei desu.*
  4. *Kono hon wa kiiro desu.*

3. Setzen Sie passende Demonstrativ- und Fragewörter ein:

  1. *Braun-san no oshigoto wa* .... *desu ka?*
  2. *Kinoshita-san wa* .... *oshigoto desu ka?*
  3. *Kinoshita-sensei no nōto wa* .... *iro desu ka?*
  4. .... (dieses) *jisho wa* ....*-iro desu ka?* – .... *jisho desu ka?* – *Hai,* .... *jisho desu.*
  5. .... (das dort) *ie wa ōkii desu.*

4. Formen Sie die Sätze in einen aus Demonstrativwort und Substantiv bestehenden Ausdruck um:

  Beispiel: *Kore wa kyōkasho desu.* → *Kono kyōkasho*

  1. *Sore wa bōru-pen desu.*
  2. *Kore wa shinbun desu.*
  3. *Are wa ki desu.*

5. **Bilden Sie Sätze mit einem entsprechenden Demonstrativwort:**

Beispiel: *Kono zasshi* → *Kore wa zasshi desu.*

1. *Ano ie.*
2. *Sono shashin.*
3. *Kono e.*

6. **Antworten Sie:**

1. *Anata no oshigoto wa nan desu ka?*
2. *Anata wa hisho desu ka?*
3. *Kinoshita-san wa ongakka desu ka?*
4. *Jäger-san wa donna oshigoto desu ka?*
5. *Kyōshitsu ni ikutsu no mado ga arimasu ka?*
6. *Kabe ni nani ga arimasu ka?*
7. *Tsukue ga ikutsu arimasu ka?*
8. *Isu mo itsutsu arimasu ka?*
9. *Kyōshitsu ni tēburu ga arimasu ka?*
10. *Sora wa kiiro desu ka?*
11. *Kokuban wa donna iro desu ka?*
12. *Anata no kyōkasho wa nani-iro desu ka?*
13. *Doa wa chairo desu ka?*
14. *Kinoshita-san no jisho wa atsui desu ka, usui desu ka?*
15. *Kono nōto wa donna iro desu ka?*
16. *Sono hon wa?*
17. *Dono hon desu ka?*
18. *Ano ie wa ii iro desu ka?*

7. **Bilden Sie passende Fragen zu folgenden Antworten:**

1. *Watakushi wa kaishain desu.*
2. *Kunze-san wa kyōshi desu.*
3. *Iie, Müller-san wa hisho desu.*
4. *Mado ga mittsu arimasu.*
5. *Iie, isu wa mittsu arimasen.*
6. *Muttsu arimasu.*
7. *Iie, tsukue wa arimasen.*
8. *Sono hon wa aoi desu.*
9. *Kono jisho wa atsui desu.*
10. *Ano ie wa ōkii desu.*
11. *Sono usui zasshi desu.*

8. Übersetzen Sie:

1. Guten Abend!
2. Wie viele Fenster hat das Klassenzimmer? – Drei. – Ja, gut (= richtig).
3. Wie viele Schreibtische gibt es? – Zehn.
4. Welche Farbe hat Ihr Lehrbuch, Herr *Kinoshita*? – Es ist gelb.
5. Ist dieses Buch auch grün? – Nein, es ist blau.
6. Ist das Wörterbuch (da bei Ihnen) braun oder schwarz? – Welches Wörterbuch meinen Sie? – Das dicke Wörterbuch. – Dies Wörterbuch ist braun.
7. Ist das dünne Buch (da bei Ihnen) ein Lehrbuch? – Ja.
8. Die weiße Wand dort.
9. Die Tür dort ist braun.
10. Was sind Sie von Beruf, Herr *Kinoshita*? – Ich bin Lehrer. – Und Sie, Frau Müller? – Ich bin Sekretärin. – Sind Sie auch Sekretärin, Fräulein Aumann? – Nein, ich bin Lehrerin.
11. Herr Jäger ist noch Student.

Dai-3-ka

1. Basho to kazu

a.

Sensei: Mina-san, ohayō gozaimasu!
Seito: Ohayō gozaimasu!
Sensei: Kyō wa mazu dai-1-ka to dai-2-ka no fukushū o shimasu. Shitsumon ga arimasu ka?
Seito: Hai, arimasu. Kono keshigomu no iro wa nani-iro desu ka?
Sensei: Sore wa haiiro desu. Aumann-san no nōto wa chairo desu ka?
Aumann: Iie, watakushi no nōto wa chairo dewa arimasen. Kuroi desu.
Sensei: Braun-san no nōto mo kuroi desu ka?
Braun: Iie, watakushi no nōto wa kuroku arimasen. Midoriiro desu.
Sensei: Müller-san no jisho wa atsui desu ka?
Müller: Iie, amari atsuku arimasen. Usui desu.
Sensei: Jäger-san no otaku wa ōkii desu ka?
Jäger: Iie, watakushi no uchi wa ōkiku arimasen. Kanari chiisai desu.
Sensei: Atarashii desu ka?
Jäger: Iie, sore hodo atarashiku wa arimasen.

b.

Sensei: Tsukue no ue ni chairo no nōto ga arimasu. Nōto no shita ni nani ga arimasu ka?
Seito: Nōto no shita ni hon ga arimasu.
Sensei: Tsukue no shita ni nani ga arimasu ka?
Seito: Tsukue no shita ni wa nani mo arimasen.

1. Ortsangaben und Zahlen

a. ◎◎

Lehrer: Guten Morgen!
Schüler: Guten Morgen!
Lehrer: Heute machen wir als erstes eine Wiederholung der Lektionen 1 und 2. Haben Sie Fragen?
Schüler: Ja. Welche Farbe hat dieser Radiergummi?
Lehrer: Er ist grau. Fräulein Aumann, ist Ihr Schreibheft braun?

Aumann: Nein, mein Schreibheft ist nicht braun. Es ist schwarz.
Lehrer: Ist Ihr Schreibheft auch schwarz, Frau Braun?
Braun: Nein, mein Schreibheft ist nicht schwarz. Es ist grün.
Lehrer: Frau Müller, ist Ihr Wörterbuch dick?
Müller: Nein, es ist nicht besonders dick. Es ist dünn.
Lehrer: Herr Jäger, ist Ihr Haus groß?
Jäger: Nein, mein Haus ist nicht groß. Es ist ziemlich klein.
Lehrer: Ist es neu?
Jäger: Nein, es ist nicht so neu.

b.

Lehrer: Auf dem Schreibtisch liegt ein braunes Schreibheft. Was liegt unter dem Heft?
Schüler: Unter dem Heft liegt ein Buch.
Lehrer: Was ist unter dem Schreibtisch?
Schüler: Unter dem Schreibtisch ist nichts.

Sensei: *Isu no shita ni nani ka arima-su ka?*

Seito: *Iie, isu no shita ni mo nani mo arimasen.*

Sensei: *Kono watakushi no furui ka-ban no naka ni nani ga arimasu ka?*

Seito: *Shirimasen.*

Lehrer: Ist etwas unter dem Stuhl?

Schüler: Nein, unter dem Stuhl ist auch nichts.

Lehrer: Was ist in meiner alten Aktentasche hier?

Schüler: Ich weiß es nicht.

c.

Sensei: *Dewa, kore kara 1 kara 10 made no kazu no renshū o shima-su. Kunze-san no denwa bangō wa nanban desu ka?*

Kunze: *123-4790 desu.*

Sensei: *Klein-san no denwa bangō wa nanban desu ka?*

Klein: *Denwa wa arimasen.*

Sensei: *Müller-san wa denwa ga ari-masu ka?*

Müller: *Hai, arimasu. Jitaku no den-wa bangō wa 456-7890 desu ga, ji-musho no wa 654-3210 desu.*

c.

Lehrer: So, jetzt üben wir die Zahlen von 1 bis 10. Wie ist Ihre Telefonnummer, Herr Kunze?

Kunze: 123-4790.

Lehrer: Herr Klein, welche Telefonnummer haben Sie?

Klein: Ich habe kein Telefon.

Lehrer: Haben Sie Telefon, Frau Müller?

Müller: Ja. Meine Privatnummer ist 456-7890, und die im Büro ist 654-3210.

2. Keisan
(Shisoku)

tashizan
$1 + 2 = 3$ *ichi tasu ni wa san*

hikizan
$9 - 7 = 2$ *kyū hiku nana wa ni*

kakezan (kuku)
$3 \times 2 = 6$ *san kakeru ni wa roku*

warizan
$8 : 4 = 2$ *hachi waru yon wa ni*

2. Rechnen
(Die vier Grundrechenarten)

Addition
eins und zwei ist drei

Subtraktion
neun minus sieben ist zwei

Multiplikation (Einmaleins)
drei mal zwei ist sechs

Division
acht geteilt durch vier ist zwei

A. Vokabeln

san	drei	*naka*	Inneres
dai-san-ka	Lektion 3	*no naka ni*	in, im Inneren
		shirimasen	ich weiß (es) nicht
1.		*kara*	von, ab
basho	Platz, Ort	*kore kara*	von jetzt (ab), jetzt
Ohayō gozai-	Guten Morgen!	*jū*	zehn
masu!		*made*	bis
kyō	heute	*kara … made*	von … bis
mazu	zuerst, zunächst	*renshū*	Übung
fukushū	Wiederholung	*denwa*	Telefon
o	(Akkusativ-Objekt	*bangō*	Nummer
	anzeigende Postpo-	*denwa bangō*	Telefonnummer
	sition)	*nanban*	welche Nummer
shimasu	machen, tun	*yon*	vier
fukushū o shi-	wiederholen	*nana*	sieben
masu		*kyū*	neun
shitsumon	Frage	*zero*	Null
keshigomu	Radiergummi	*jitaku*	(eigenes) zu Hause
hai	Asche	*jitaku no denwa*	private Telefon-
haiiro	grau	*bangō*	nummer
amari (+ Nega-	zu (viel/sehr);	*go*	fünf
tion)	nicht besonders/	*roku*	sechs
	sehr	*hachi*	acht
taku	Haus, Wohnung	*ga*	und, aber
uchi	Haus, Wohnung	*jimusho*	Büro
sore	es		
atarashii	neu	**2.**	
hodo	Grad, (Aus-)Maß	*keisan*	Rechnen, Rech-
sore hodo	so, so sehr (*wörtl.*		nung
	solches Ausmaß)	*shisoku*	die vier Grund-
ue	oben		rechenarten
no ue ni	auf	*tashizan*	Addition
shita	unten	*tasu*	addieren, hinzufü-
no shita ni	unter		gen
nani mo (+ Ne-	nichts	*hikizan*	Subtraktion
gation)		*hiku*	subtrahieren, ab-
nani ka	(irgend) etwas		ziehen
furui	alt	*kakezan*	Multiplikation
kaban	(Schul-/Akten-)	*kuku*	Einmaleins
	Tasche		

| *kakeru* | multiplizieren, malnehmen | *warizan* *waru* | Division dividieren, teilen |

B. Grammatik

1. *shimasu*

Shimasu (= tun, machen) ist neben *desu* und *arimasu* das am häufigsten und vielseitigsten verwendete Verb. In Verbindung mit Substantiven bildet es verbale Ausdrücke, die im Deutschen mit einem einzigen Verb wiederzugeben sind.

fukushū	– Wiederholung
fukushū o shimasu	– Wiederholung machen = wiederholen
renshū	– Übung
renshū o shimasu	– Übungen machen = üben

2. Partikel *o*

Die Partikel *o* steht zwischen dem etwa dem Akkusativ-Objekt im Deutschen entsprechenden Substantiv und dem Verb. (Beispiele s. Abschnitt 1.)

3. *arimasu* = haben

Das Verb *arimasu* (= da/vorhanden sein) wird häufig in der Bedeutung „haben" benutzt.

Shitsumon ga arimasu ka?
Gibt es Fragen? → Haben Sie Fragen?

Jäger-san wa denwa ga arimasu ka?
Gibt es (bei Ihnen) Telefon, Herr Jäger? → Haben Sie Telefon?

Hai, arimasu.
Ja, es gibt. → Ja, ich habe (Telefon).

Kyōshitsu ni ōkii mado ga arimasu.
Im Klassenzimmer gibt es große Fenster. → Das Klassenzimmer hat große Fenster.

4. Adjektivendung *ku* bei Verneinung

Bei der Verneinung ersetzt man die Adjektivendung *i* durch *ku*. Unmittelbar darauf folgt in der Regel *arimasen* oder *wa arimasen*.

> *Watakushi no nōto wa kuroku arimasen.*
> Mein Heft ist nicht schwarz.
>
> *Jisho wa amari atsuku arimasen.*
> Das Wörterbuch ist nicht besonders dick.
>
> *Jäger-san no otaku wa ōkiku arimasen.*
> Herrn Jägers Haus ist nicht groß.
>
> *Sore hodo atarashiku wa arimasen.*
> So neu ist es nicht.

5. *amari* mit Negation

Auf *amari* folgt häufig eine Verneinung.

> *Amari atsuku arimasen.*   Es ist nicht besonders dick.

6. *ue* und *shita*

Ue und *shita* entsprechen den deutschen Adverbien „oben" und „unten", sind aber Substantive. Daher werden sie mit anderen Substantiven durch die Attributivpartikel *no* verbunden. In den Wendungen *no ue ni* und *no shita ni* erfüllen sie eine den deutschen Präpositionen vergleichbare Funktion und sind entsprechend mit „auf" und „unter" zu übersetzen.

> *tsukue no ue ni*   **auf** dem Schreibtisch
> *tēburu no shita ni*   **unter** dem Tisch

7. *nani (ga)* und *nani ka*

Mit *nani (ga)* wird nach etwas Bestimmtem gefragt („was"), mit *nani ka* nach etwas Unbestimmtem („irgend etwas").

> *Tsukue no shita ni **nani ga** arimasu ka?*
> **Was** befindet sich unter dem Tisch?
>
> *Isu no shita ni **nani ka** arimasu ka?*
> Befindet sich **(irgend) etwas** unter dem Stuhl?

8. *uchi* und *otaku*

Uchi und *otaku* haben die gleiche Bedeutung, unterscheiden sich jedoch im Gebrauch. Während *uchi* ein neutraler Begriff ist, mit dem man gewöhnlich die eigene Wohnung (oder die von Verwandten, Freunden oder Kollegen gegenüber Außenstehenden) bezeichnet, verwendet man das Wort *taku* in Verbindung mit dem Höflichkeitspräfix *o* als höfliche Bezeichnung für die Wohnung oder das Haus des Gesprächspartners oder eines Dritten, dem gegenüber eine höfliche Ausdrucksweise angezeigt ist. In Verbindung mit *ji* (= selbst) kann *taku* auch die eigene Wohnung oder das eigene Haus bezeichnen.

(watakushi no) uchi	meine Wohnung, mein Haus
otaku	Ihre Wohnung, Ihr Haus
Jäger-san no otaku	Ihre Wohnung/Ihr Haus, Herr Jäger
	die Wohnung/das Haus von Herrn Jäger
jitaku no denwa bangō	meine private Telefonnummer

9. Konjunktion *ga*

Die Konjunktion *ga* verbindet Sätze (keine einzelnen Wörter!) miteinander. Sie steht stets am Ende des ersten Satzes und gehört zu diesem. *Ga* hat ursprünglich die Bedeutung „aber"; oft ist diese jedoch verblaßt und eine Übersetzung mit „und" angebracht. Häufig kann man auf eine Übersetzung ganz verzichten und die durch *ga* verbundenen Sätze durch Punkt oder Komma trennen.

Jitaku no denwa bangō wa 456-7890 desu ga, jimusho no wa 654-3210 desu.
Meine Privatnummer (*wörtl.* die Tel.-Nr. meiner Wohnung) ist 456-7890, meine dienstliche 654-3210.

10. Die sinojapanischen Zahlen von 0 bis 10

Im Gegensatz zu den rein japanischen Zahlen von 1 bis 10 (s. Lektion 2.B.10) sind die unten aufgeführten Zahlwörter überwiegend chinesischer Herkunft (daher die Bezeichnung „sinojapanische" Zahlen).

0 *rei (zero)*	4 *shi (yon)*	8 *hachi*
1 *ichi*	5 *go*	9 *kyū, ku*
2 *ni*	6 *roku*	10 *jū*, [*ji'*]*
3 *san*	7 *shichi (nana)*	

Die in Klammern angeführten Zahlwörter sind zwar nicht chinesischer Herkunft, werden aber hier angeführt, da sie wie sinojapanische Zahlen verwendet werden. *Zero* ist vom Englischen abgeleitet, *yon* und *nana* sind rein japanische Zahlen. *Yon* (oder *yo*) und *nana* treten oft an Stelle von *shi* und *shichi*, da insbesondere *shichi* wegen seiner lautlichen Ähnlichkeit leicht mit *ichi* verwechselt werden kann.

* Im Innern eines Wortes wird der Kehlverschlußlaut durch Doppelkonsonanten gekennzeichnet (s. Lektion 2.C.3), am Ende eines Wortes oder einer alleinstehenden Silbe durch einen Apostrof: in diesem Fall bei der nur in Komposita wie *dai-jikka* (s. Abschnitt 11) vorkommenden Lesung *ji'* für „zehn".

11. Zählwörter

Die sinojapanischen Zahlen benutzt man meistens in Verbindung mit sog. Zählwörtern. Solche Zählwörter gibt es in geringem Umfang auch im Deutschen; so zählt man z.b. Papier mit Hilfe des Zählwortes „Blatt", Bücher mit Hilfe des Zählwortes „Band": 3 Blatt, 2 Bände. Das japanische Zählwort für „Lektion" ist *ka*.

dai-ikka	*dai-yon-ka*	*dai-nana-ka*	*dai-jikka*
dai-ni-ka	*dai-go-ka*	*dai-hakka*	
dai-san-ka	*dai-rokka*	*dai-kyū-ka*	

Das vor dem Zahlwort und dem Zählwort stehende *dai* zeigt an, daß es sich um eine Numerierung der Lektionen handelt, nicht um eine Mengenangabe.

Vgl.: *dai-san-ka* 3. Lektion, Lektion (Nr.) 3

      san-ka drei Lektionen; 3. Lektion

12. Verwendung der japanischen und sinojapanischen Zahlen

A. Die japanischen Zahlen (außer *yon* und *nana*) verwendet man nur für die Zahlen von 1 bis 10 (andere japanische Zahlen gibt es nicht), und hier wiederum nur für Gegenstände (nicht Menschen und Tiere!), die nicht unbedingt eigene Zählwörter erfordern. Dazu gehören z.B. kugelförmige Gegenstände wie Bälle, Äpfel usw., aber auch geografische Begriffe wie Länder, Inseln und Städte und schließlich Gegenstände ohne spezifische äußere Form.

hitotsu no kyōshitsu	*yottsu no tsukue*
futatsu no mado	*yattsu no isu*

B. Die sinojapanischen (sowie die japanischen Zahlen *yon* und *nana*) verwendet man
1. uneingeschränkt für alle Zahlen außer 1 bis 10
2. auch bei den Zahlen 1 bis 10 (mit wenigen Ausnahmen)
   a. für alle Gegenstände, deren Mengenangabe Zählwörter erfordern, sowie für Menschen und Tiere
   b. für abstrakte Mengen, z.B. in der Mathematik, sowie bei Nummern (z.B. Telefon), Zeit- und Datumsangaben.

13. Telefonnummern

Die Ziffern in Telefonnummern werden einzeln gelesen. Die Nummern in *Tōkyō* sind siebenstellig, den Strich nach der dritten Ziffer liest man *no*.

> 012-4789 = *zero ichi ni no yon nana hachi kyū*

C. Schriftlehre

1. Verwendung der *Hiragana*

Jedem Silbenlaut der 50-Laute-Tafel entspricht ein Zeichen der *Hiragana*-Silbenschrift. Mit *Hiragana* läßt sich jeder beliebige japanische Text schreiben. In der Praxis werden jedoch Substantive, Verben und Adjektive meistens mit *Kanji* geschrieben, während *Hiragana* für fast alle anderen Wortarten (z.B. Partikeln und Konjunktionen) sowie für flektierte Teile eines Wortes (z.B. Adjektivendungen *i* und *shii* oder Suffix-Verb *masu*) verwendet werden. Mehr als 50 % der in den meisten japanischen Texten vorkommenden Schriftzeichen sind *Hiragana*.

2. Allgemeine Vorbemerkungen zum Schreiben der *Hiragana*

Man sollte zunächst jedes einzelne Zeichen so oft schreiben, bis eine gewisse Sicherheit und Annäherung an die Vorlage erreicht ist. Sicherheit gewinnt man nur durch ständige Wiederholung, ein Gefühl für die Proportionen nur durch das Schreiben auf Papier mit quadratischen Feldern, wie es auch die japanischen Schulkinder benutzen. Am besten eignen sich die zu „*Kanji & Kana*. Langenscheidts Handbuch und Lexikon der japanischen Schrift" (in Japan: Verlag Enderle) gehörigen Übungsbücher (für Anfänger Übungsbuch 1), in denen jedes Zeichen mehrmals in

Grautönung zum Nachschreiben abgebildet ist. Als Schreibgerät kann man praktisch alles verwenden, womit man normalerweise schreibt: Bleistift, Kugelschreiber, Füller und Filzstift. Pinsel benutzt man auch in Japan nur für kalligrafische Zwecke.

Die Schreibrichtung der Striche sowie die Strichfolge sind in den Übungsbüchern durch kleine Ziffern am Anfang jedes Striches gekennzeichnet. Dabei gelten (mit wenigen Ausnahmen) folgende Regeln:
1. Schreibrichtung der Striche (Strichansatz):
   a. Waagerechte Striche von links nach rechts
   b. Senkrechte Striche von oben nach unten
2. Strichfolge:
   a. Von oben nach unten (zuerst der obere, dann der untere Strich)
   b. Von links nach rechts (zuerst der linke, dann der rechte Strich)
   c. Bei Kreuzung zweier Striche zuerst der waagerechte, dann der senkrechte Strich.

3. Die Vokalreihe der *Hiragana*

Den fünf Vokalen der obersten Reihe der 50-Laute-Tafel entsprechen folgende Silbenzeichen.

あ	い	う	え	お
a	*i*	*u*	*e*	*o*

4. *Kana*-Rechtschreibung

Für die Verwendung der Silbenschriften *Hiragana* und *Katakana* (zusammenfassende Bezeichnung: *Kana*) gibt es bestimmte Regeln – die sogenannte *Kana*-Rechtschreibung –, die hier in Bezug auf die in *Hiragana* geschriebenen Vokale und Vokalkombinationen vorgestellt und anhand von Beispielen erläutert werden sollen.

Die langen Vokale *ā*, *ii* und *ū* werden durch eine Doppelung des jeweiligen Vokals ausgedrückt: あ あ, い い, う う.
Den langen Vokal *ō* schreibt man in der Regel お う, in einigen wenigen Wörtern jedoch お お.
Den langen Vokal *ei* schreibt man え い, gelegentlich (z.B. in *ē* = ja) auch え え.
Die „Akkusativ"-Partikel *o* schreibt man **nicht** お, sondern mit dem Silbenzeichen für das *o* in der *wa*-Reihe.

5. Waagerechte und senkrechte Schreibweise

Die japanische Regierung empfiehlt die waagerechte Schreibweise. In naturwissenschaftlichen und technischen Texten hat sie sich weitgehend durchgesetzt. Fast die gesamte Belletristik sowie ein großer Teil der geisteswissenschaftlichen Literatur sind in der traditionellen senkrechten Schreibweise gehalten, bei der die Zeilen von rechts nach links angeordnet sind. In Zeitungen findet man beide Schreibweisen nebeneinander.

D. Übungen

1. Setzen Sie die richtigen Partikeln ein:

1. *Mazu fukushū ..... shimasu.*
2. *Kore kara kazu ..... renshū ..... shimasu.*
3. *Shitsumon ..... arimasu ..... ?*
4. *Kinoshita-san ..... denwa ..... arimasu ..... ?*
5. *Jäger-san ..... otaku ..... ōkii desu ..... ?*
6. *Tēburu ..... ue ..... kiiro ..... hon ..... arimasu.*
7. *Tsukue ..... shita ..... nani ..... (was?) arimasu ..... ?*
8. *Shinbun ..... shita ..... nani ..... (etwas?) arimasu ..... ?*
9. *Isu ..... shita .... nani ..... arimasen.*
10. *Kaban ..... naka ..... nani ..... (was?) arimasu ..... ?*
11. *Kaban ..... atarashii desu ..... , furui desu ..... ?*
12. *Sore hodo furuku ..... arimasen.*

2. Setzen Sie passende Fragewörter ein:

1. *Tēburu no shita ni .... ga arimasu ka?*
2. *Tsukue no ue ni .... ka arimasu ka?*
3. *Kono keshigomu no iro wa ....-iro desu ka?*
4. *Kinoshita-san no denwa bangō wa .... desu ka?*
5. *Sensei no kaban no naka ni .... ga arimasu ka?*

3. Setzen Sie anstelle von *atsui* folgende Adjektive ein:

*Amari **atsuku** arimasen.*

furui, ōkii, chiisai, atarashii, usui, nagai, mijikai.

4. Setzen Sie anstelle von *atarashii* **folgende Adjektive ein:**

Sore hodo **atarashiku** *wa arimasen.*

furui, ōkii, chiisai, atsui, usui, nagai, mijikai.

5. Bilden Sie die Negationsform:

1. *Watakushi no keshigomu wa haiiro desu.*
2. *Sensei no kaban wa furui desu.*
3. *Shitsumon ga arimasu.*
4. *Tēburu no ue ni nani ka arimasu.*
5. *Watakushi no uchi wa chiisai desu.*
6. *Klein-san no denwa bangō wa 123-4567 desu.*
7. *Hai, arimasu.*
8. *Denwa ga arimasu.*
9. *Fukushū o shimasu.*
10. *Renshū o shimasu.*

6. Antworten Sie:

1. *Shitsumon ga arimasu ka?*
2. *Kinoshita-san* (2. Person) *no otaku wa ōkii desu ka?*
3. *Kunze-san* (2. Person) *no otaku mo ōkii desu ka?*
4. *Tsukue no ue ni nani ga arimasu ka?*
5. *Tēburu no shita ni nani ka arimasu ka?*
6. *Kaban no naka ni keshigomu ga arimasu ka?*
7. *Anata wa denwa ga arimasu ka?*
8. *Otaku no denwa bangō wa nanban desu ka?*
9. *Kono atarashii kaban no iro wa nani-iro desu ka?*

7. Bilden Sie passende Fragen zu folgenden Antworten:

1. *Iie, kiiro dewa arimasen.*
2. *Iie, akaku arimasen.*
3. *Iie, amari atsuku arimasen.*
4. *Iie, sore hodo ōkiku wa arimasen.*
5. *Ē, kanari chiisai desu.*
6. *Hai, haiiro desu.*
7. *Nōto no ue ni nagai enpitsu ga arimasu.*
8. *Kaban no naka ni wa nani mo arimasen.*
9. *245-6789 desu.*
10. *Jitaku no denwa bangō wa 098-7654 desu.*
11. *Iie, arimasen.*
12. *Shirimasen.*

8. Übersetzen Sie:

1. Heute wiederholen wir die Lektionen 1 und 2.
2. Haben Sie Fragen?
3. So, und jetzt üben wir die Zahlen von eins bis zehn.
4. Wie ist die Telefonnummer von Herrn Klein? – 024-6879.
5. Wie ist Ihre Telefonnummer, Herr Kunze? – Ich habe kein Telefon.
6. Haben Sie Telefon, Frau Müller? – Ja. Meine Privatnummer ist 976-5432. – Wie ist Ihre Telefonnummer im Büro? – 802-1467.
7. Ist Ihr Telefon grau, Herr Jäger? – Nein, es ist rot.
8. Auch mein Telefon ist nicht grau. Es ist schwarz.
9. Mein Radiergummi ist weiß.
10. Die Bäume sind noch grün.
11. Ist Ihr Haus groß, Fräulein Aumann? – Nein, mein Haus ist nicht besonders groß.
12. Auf dem Schreibtisch liegt eine neue Aktentasche. Gehört sie Ihnen, Herr Klein? – Nein, sie gehört mir nicht.
13. Was liegt auf dem Tisch? – Auf dem Tisch liegt nichts. – Nun, was liegt unter dem Tisch? – Unter dem Tisch liegt auch nichts.
14. Liegt etwas unter Ihrem Stuhl, Herr Kunze? – Nein, unter meinem Stuhl liegt nichts.

9. Schreibübung (einzelne Silben)

Schreiben Sie jedes der in Kapitel C.3 aufgeführten fünf Silbenzeichen unter Beachtung der Hinweise und Regeln in Kapitel C.2 und C.4 zuerst in die großen, dann in die kleinen Felder von Übungsbuch 1. Dort sind die Zeichen in der gleichen Reihenfolge aufgeführt wie in den Lektionen des vorliegenden Bandes. Schreiben Sie zuerst auf die in Grautönung vorgeschriebenen Zeichen, dann in den freien Feldern. Achten Sie auf die korrekte Reihenfolge der Striche!

10. Schreibübung (Wörter)

Schreiben Sie folgende Wörter aus den Lektionen 1–3 in *Hiragana*:
a. Waagerechte Schreibweise

e □   *ii* □ □   *iie* □ □

ie □ □   *ā* □ □   *aoi* □ □ □

ue □ □   *ē* □ □

b. Senkrechte Schreibweise

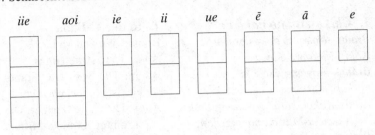

   iie   *aoi*   *ie*   *ii*   *ue*   *ē*   *ā*   *e*

11. Lese- und Transkriptionsübung

Lesen Sie folgende Wörter und Silbenfolgen; schreiben Sie sie in Lateinschrift:

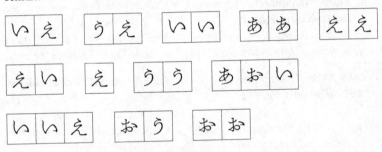

12. Übung der あいうえお-Ordnung

Schreiben Sie die Wörter aus Abschnitt 10 a in あいうえお-Reihenfolge in *Hiragana*.

Dai-4-ka

Lektion 4

1. Chikatetsu no naka de

Braun: Koko wa doko desu ka?
Aoki: Koko wa Ginza desu.
Braun: Aoyama 1-chōme wa koko kara ikutsume no eki desu ka?
Aoki: Koko kara yottsume desu. Akasaka-Mitsuke no tsugi desu.
Braun: Arigatō gozaimasu.
Aoki: Dō itashimashite.

2. Michi o kiku

Satō Ichirō: Sumimasen, yūbinkyoku wa doko ni arimasu ka?
Katō Kazuo: Asoko ni kōen to ike ga arimasu ne. Sono ushiro desu.

Tanaka Akiko: Sumimasen ga, Tōkyō eki wa doko desu ka?

Kikuchi Keiko: Soko no takai tatemono no hidarigawa desu.

Saitō: Kono chikaku ni ginkō ga arimasu ka?
Itō: Arimasu yo. Ano depāto no mae desu.

Aoki: New Ōtani to iu hoteru wa koko kara tōi desu ka?
Kinoshita: Iie, anmari tōku arimasen. Takushī de iku to, gofun gurai desu.

Aoki: Basu wa arimasen ka?
Kinoshita: Iie, arimasu yo. Teiryūjo wa asoko no migigawa desu.
Aoki: Tsugi no basu wa itsu kimasu ka?
Kinoshita: Mō sugu kimasu.
Aoki: Dōmo arigatō gozaimashita!
Kinoshita: Iie, dō itashimashite.

1. In der U-Bahn   ◗◖

Braun: Wo sind wir hier?
Aoki: Hier ist die *Ginza.*
Braun: Die wievielte Station von hier ist *Aoyama Itchōme*?
Aoki: Die vierte von hier. Die nächste hinter *Akasaka-Mitsuke.*
Braun: Vielen Dank.
Aoki: Bitte.

2. Frage nach dem Weg

Satō Ichirō: Entschuldigen Sie, wo ist das Postamt?
Katō Kazuo: Dort ist ein Park mit einem Teich. Dahinter ist es.

Tanaka Akiko: Entschuldigen Sie bitte, wo ist der *Tōkyō* Hauptbahnhof?
Kikuchi Keiko: Links von dem hohen Gebäude da.

Saitō: Gibt es hier in der Nähe eine Bank?
Itō: Ja. Vor dem Kaufhaus dort.

Aoki: Ist das Hotel New *Ōtani* weit von hier?
Kinoshita: Nein, es ist nicht sehr weit. Wenn man mit dem Taxi fährt, sind es ungefähr fünf Minuten.
Aoki: Gibt es keinen Bus?
Kinoshita: Doch. Die Haltestelle ist dort auf der rechten Seite.
Aoki: Wann kommt der nächste Bus?
Kinoshita: Er kommt gleich.
Aoki: Haben Sie vielen Dank!
Kinoshita: Keine Ursache.

3. Toi to kotae

Satō: Kore kara doko e ikimasu ka?

Katō: Kyō wa Ōsaka kara tomoda-chi ga kuru node, gakkō kara sugu uchi e kaerimasu.

Aoki: Itsu mata koko e kimasu ka?

Kinoshita: Ashita mata koko e kima-su.

Tanaka: Kore kara nani o shimasu ka?

Kikuchi: Uchi de terebi o mimasu.

Satō: Konban nani o tabemasu ka?

Katō: Sukiyaki o tabemasu.

Satō: Nani o nomimasu ka?

Katō: Sake o nomimasu.

3. Frage und Antwort

Satō: Wohin gehen Sie jetzt?

Katō: Da heute Freunde aus *Ōsaka* kommen, fahre ich gleich von der Schule aus nach Hause zurück.

Aoki: Wann kommen Sie wieder hierher?

Kinoshita: Morgen komme ich wieder hierher.

Tanaka: Was machen Sie jetzt?

Kikuchi: Ich sehe zu Hause fern.

Satō: Was essen Sie heute abend?

Katō: Sukiyaki.

Satō: Was trinken Sie?

Katō: Sake.

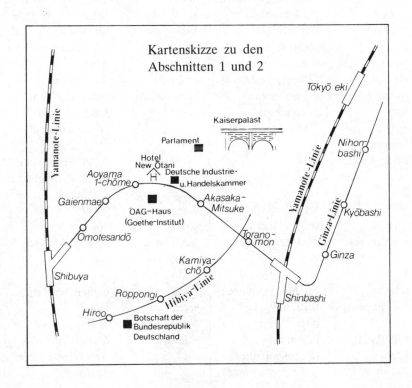

Kartenskizze zu den Abschnitten 1 und 2

A. Vokabeln 　🔊

1.

chikatetsu	U-Bahn
de	in, bei
no naka de	in, im Inneren
koko	hier
doko	wo
Aoki	(Familienname)
Ginza	(Geschäftsviertel in Tōkyō; U-Bahnhof)
Aoyama	(Stadtteil in Tōkyō)
chō	Häuserblock
-me	-te (Suffix bei Ordnungszahlen)
itchōme	1. Block
Aoyama 1-chō-me	Aoyama, 1. Block (U-Bahnhof)
ikutsume	der wievielte
eki	Bahnhof
yottsume	der vierte
Akasaka	(Stadtteil in Tōkyō)
Akasaka-Mitsuke	(U-Bahnhof)
tsugi	der nächste
Arigatō gozaimasu!	Danke!
Dō itashimashite!	Bitte!

2.

michi	Weg
(o) kiku	fragen (nach)
michi o kiku	nach dem Weg fragen
Satō	(Familienname)
Ichirō	(männl. Vorname)
Sumimasen (ga)	Entschuldigen Sie bitte... Verzeihung
yūbinkyoku	Postamt
Katō	(Familienname)
Kazuo	(männl. Vorname)
asoko	dort

kōen	Park
ike	Teich
ushiro	hinten
sono ushiro	dahinter
Tanaka	(Familienname)
Akiko	(weibl. Vorname)
Tōkyō	(Hauptstadt Japans)
Tōkyō eki	Tōkyō Hauptbahnhof
Kikuchi	(Familienname)
Keiko	(weibl. Vorname)
soko	da
takai	hoch
tatemono	Gebäude
hidari	links
kawa	Seite
hidarigawa	linke Seite
Saitō	(Familienname)
chikai	nahe
chikaku ni	in der Nähe
kono chikaku ni	hier in der Nähe
ginkō	Bank
Itō	(Familienname)
yo	(Meinung des Sprechers bekräftigende Partikel)
depāto	Kaufhaus
mae	vorne
no mae	vor
New Ōtani	(Hotel in Tōkyō)
iu (gesprochen: yū)	sagen
to iu	heißen, heißend
hoteru	Hotel
New Ōtani to iu hoteru	das Hotel New Ōtani (wörtl. das New Ōtani heißende Hotel)
tōi	weit

anmari (um-gangssprachl.)	= *amari*
takushī	Taxi
de	mit
iku	gehen, fahren
to	wenn
gofun	5 Minuten
gurai	ungefähr, etwa
basu	Bus
teiryūjo	Haltestelle
migi	rechts
itsu	wann
kimasu	kommen
sugu	gleich, sofort
mō sugu	gleich, bald
dōmo	wirklich
Dōmo arigatō gozaimashita!	Haben Sie vielen Dank!

3.

toi	Frage
kotae	Antwort

e	nach
doko e	wohin
ikimasu	= *iku*
Ōsaka	(Großstadt)
tomodachi	Freund(in)
kuru	= *kimasu*
node	weil, da
gakkō	Schule
uchi e	nach Hause
kaerimasu	zurückkehren
mata	wieder
ashita	morgen
uchi de	zu Hause
terebi	Fernsehen (*von:* television)
mimasu	sehen
terebi o mimasu	fernsehen
konban	heute abend
tabemasu	essen
sukiyaki	(japan. Gericht)
nomimasu	trinken
sake	Reiswein

B. Grammatik

1. Verbformen

Die einzigen veränderlichen Wortarten sind im Japanischen die Adjektive (vgl. *tō-i/tō-ku:* Wortstamm *tō-*) und die Verben.

Bei den Verben interessieren hier vorläufig die beiden folgenden Formen:
1. Die etwa dem Infinitiv im Deutschen entsprechende Form, unter der das Verb in Wörterbüchern aufgeführt ist. Beispiele: *iku, kiku, kuru.*
2. Eine auf *i* oder *e* endende Basisform, an die das Suffixverb *-masu* oder eine davon abgeleitete Form (in der Negation z.B. *-masen*) angefügt wird. Beispiele: *iki-masu, ki-masu, ari-masu, tabe-masu; ari-masen, shiri-masen.*

zu 1. Diese sog. Wörterbuchform kommt bei höflicher Sprechweise nur innerhalb eines Satzes vor, also niemals als satzabschließendes Verb.

> *Tomodachi ga **kuru** node, uchi e kaerimasu.*
> *Takushī de **iku** to, gofun gurai desu.*
> *New Ōtani to **iu** hoteru.*
> *Ichi **tasu** ni wa san.*

Als satzabschließendes Verb verwendet man die Wörterbuchform nur dann, wenn eine höfliche Ausdrucksweise nicht erforderlich ist (z.B. in Sachtexten, wie im folgenden Fall einer nüchternen Kapitelüberschrift).

> *Michi o **kiku**.*

zu 2. Die sog. *masu*-Form (dazu zählt auch *desu* als Kurzform von *de arimasu*) dient in der Regel als Satzabschluß bei höflicher Sprechweise.

> *Doko e iki**masu** ka?*
> *Itsu mata koko e ki**masu** ka?*
> *Sukiyaki o tabe**masu**.*
> *Kono chikaku ni ginkō ga ari**masu** ka?*
> *Anmari tōku wa ari**masen**.*
> *Shiri**masen**.*
> *Koko wa Ginza **desu**.*

2. Postpositionen *ni* und *de*

Ni bezeichnet den Ort, an dem sich etwas befindet, *de* den Ort, an dem etwas geschieht.

*Yūbinkyoku wa doko **ni** arimasu ka?*	Wo befindet sich das Postamt?
*Chikatetsu no naka **de**.*	(Ereignisse) In der U-Bahn.
*Uchi **de** terebi o mimasu.*	Ich sehe zu Hause fern.

Die Lektion „*Chikatetsu no naka **de*** (= In der U-Bahn)" beschreibt, was sich dort abspielt, nicht, wer oder was sich in der U-Bahn befindet.

3. Postpositionen (Zusammenfassung)

Die folgenden Erläuterungen und Beispiele aus den Lektionen 1 bis 4 sollen einen Überblick über Funktion und Verwendung der Postpositionen geben. (Wie bei anderen grammatischen Erläuterungen beschränken sich die Erklärungen weitgehend auf Anwendungen aus den vorangegangenen Lektionen.) Die Kasusbezeichnungen in Klammern sind Teil des Hinweises auf die Funktion der jeweiligen Postposition nach deutschem Sprachverständnis.

ga (Nominativ) bezeichnet das Subjekt.

Mado ga arimasu.	Fenster sind da.
Denwa ga arimasu ka?	Gibt es / Haben Sie Telefon?
Shitsumon ga arimasu ka?	Gibt es / Haben Sie Fragen?

wa (Nominativ) bezeichnet das Thema (meist Subjekt) eines Satzes, bewirkt oft eine Abgrenzung oder Abhebung.

Tōkyō eki wa doko desu ka?	Wo ist der Bahnhof *Tōkyō*?
Ichi tasu ni wa san.	Eins und zwei sind drei.
Basu wa arimasen ka?	Gibt es keinen Bus?
Nōto wa chairo dewa arimasen.	Das Heft ist nicht braun.

no (Genitiv) bezeichnet Besitz, Zugehörigkeit, Beziehungen unterschiedlicher Art.

Dare no nōto?	Wessen Heft?
Dai-san-ka no fukushū.	Die Wiederholung der 3. Lektion.
Chikatetsu no naka de.	In (*wörtl.* im Inneren) der U-Bahn.
Ginkō no hidarigawa.	Auf der linken Seite der Bank.
Midoriiro no kokuban.	Eine grüne Tafel. (*Wörtl.* Eine Tafel der Farbe grün.)
1 kara 10 made no kazu no renshū.	Eine Übung der Zahlen von 1 bis 10.

ni (Dativ) bezeichnet den Ort, an dem sich etwas / jemand befindet.

Doko ni?	Wo?
Kyōshitsu (no naka) ni.	Im Klassenzimmer.
Kabe ni.	An der Wand.
Kono chikaku ni.	Hier in der Nähe.
Tsukue no ue ni.	Auf dem Tisch.

de (Dativ) bezeichnet den Ort oder das Instrument einer Handlung.

Chikatetsu no naka de.	In der U-Bahn.
Uchi de.	Zu Hause.
Takushī de iku to …	Wenn man mit dem Taxi fährt …

o (Akkusativ) bezeichnet das Objekt einer Handlung.

Nani o shimasu ka?	Was machen Sie?
Fukushū o shimasu.	Wir wiederholen. (*Wörtl.* Wir machen eine Wiederholung.)
Sukiyaki o tabemasu.	Ich esse *Sukiyaki.*
Michi o kiku.	Nach dem Weg fragen. (*Wörtl.* Den Weg erfragen.)

e bezeichnet Richtung und Ziel.

Doko e?	Wohin?
Uchi e.	Nach Hause.

kara bezeichnet einen Ausgangspunkt.

Doko kara?	Woher?
Koko kara.	Von hier.
Ōsaka kara.	Von / ab *Ōsaka.*
Kore kara.	Ab jetzt.
1 kara 10 made.	Von 1 bis 10.

made bezeichnet eine Begrenzung.

1 kara 10 made.	Von 1 bis 10.

4. Demonstrativwörter *koko*, *soko* und *asoko*

Die lokalen Demonstrativwörter *koko*, *soko* und *asoko* haben jeweils die gleiche Anfangssilbe wie die entsprechenden Demonstrativwörter der beiden bisher behandelten Gruppen.

Anfangs- silbe	Ort	Sache/Person (anstelle eines Nomens)	Sache/Person (vor dem Nomen)
ko *so* *a*	*koko* (hier) *soko* (da) *asoko* (dort)	*kore* (dies) *sore* (das) *are* (das dort)	*kono* (dies) *sono* (das) *ano* (das dort)
do	*doko* (wo)	*dore* (welches)	*dono* (welches)

ko weist in allen drei Fällen auf etwas hin, das sich in der Nähe des Sprechers befindet,

so verweist auf etwas, das sich in der Nähe des Gesprächspartners befindet, und

a bezeichnet etwas, das weiter entfernt ist.

Koko *wa* ***doko*** *desu ka?*
Wo befinden wir uns? (*Wörtl.* Hier ist wo?)

Koko *wa Ginza desu.*
Dies ist (der U-Bhf.) die *Ginza*. (*Wörtl.* Hier ist die *Ginza*.)

Asoko *ni kōen to ike ga arimasu.*
Dort ist ein Park mit einem Teich. (*Wörtl.* ... ein Park und ein Teich.)

Teiryūjo wa ***asoko*** *no migigawa desu.*
Die Haltestelle ist dort auf der rechten Seite.

Tōkyō eki wa ***doko*** *desu ka?*
Wo ist der *Tōkyō* Hauptbahnhof?

Soko verwendet man auch zur Bezeichnung von Orten, die zwar nicht in direkter Nähe des Partners sind, aber auch nicht sehr weit weg. Die Grenze zu *asoko* ist nicht immer eindeutig.

Soko *no takai tatemono.*   Das hohe Gebäude da.

Statt *soko no* kann man auch *sono* sagen: die Sätze *Soko no takai tatemono* und *Sono takai tatemono* haben die gleiche Bedeutung.

5. Gebrauch von *sono*

Sono dient nicht nur zur Bezeichnung von Gegenständen in der Nähe des
Gesprächspartners, sondern kann sich auch auf etwas beziehen, das gera-
de erwähnt wurde.

> **Sono** *ushiro desu.*
> Es (das Postamt) befindet sich **da**hinter (*nämlich hinter dem vorher
> erwähnten Park und dem Teich*).

6. *desu* und *ni arimasu* bei Ortsangaben

Während *desu* vornehmlich der Identifizierung und Beschreibung von
Personen, Gegenständen und Sachverhalten dient, wird mit Hilfe von *ni
arimasu* angegeben, wo sich etwas befindet. Bei Ortsangaben mit den lokalen Demonstrativwörtern *koko*, *soko* und *asoko* sowie dem Fragewort
doko kann man sowohl *desu* (= sein) als auch *arimasu* (= sich befinden)
verwenden. Es sind also die beiden Konstruktionen *N1 wa N2 desu* und
N1 wa N2 ni arimasu möglich (N steht für „Nomen").

> *Yūbinkyoku wa **doko ni arimasu** ka?*
> Wo befindet sich (= ist) das Postamt?
> *Tōkyō eki wa **doko desu** ka?*
> Wo ist (= liegt) der Hauptbahnhof *Tōkyō*?
> *Teiryūjo wa **asoko** no migigawa **desu**.*
> Die Haltestelle ist dort auf der rechten Seite.

7. Ordnungszahlen mit *-me*

Bei den rein japanischen Zahlen von 1 bis 9 bildet man die Ordnungszah-
len durch Anfügen des Suffix *-me*.

> | *ikutsume* | der wievielte | | | | |
> |---|---|---|---|---|---|
> | *hitotsume* | der 1. | *yottsume* | der 4. | *nanatsume* | der 7. |
> | *futatsume* | der 2. | *itsutsume* | der 5. | *yattsume* | der 8. |
> | *mittsume* | der 3. | *muttsume* | der 6. | *kokonotsume* | der 9. |

Auch bei den sinojapanischen Zahlen in Verbindung mit einem Zählwort
(in diesem Fall *chō*) bildet man die Ordnungszahl mit dem Suffix *-me*.

nanchōme der wievielte Block?					
itchōme	der 1. Bl.	*gochōme*	der 5. Bl.	*kyūchōme*	der 9. Bl.
nichōme	der 2. Bl.	*rokuchōme*	der 6. Bl.	*jitchōme*	der 10. Bl.
sanchōme	der 3. Bl.	*nanachōme*	der 7. Bl.		
yonchōme	der 4. Bl.	*hatchōme*	der 8. Bl.		

In Japan haben nur wenige Straßen einen Namen. Kleinere Orte, Stadtteile und Verwaltungsbezirke sind stattdessen in *chō* genannte, durchnumerierte Blocks eingeteilt. Die Blocknummer folgt direkt auf den Orts(teil)-namen, zu dem sie gehört.

Aoyama 1-chōme	der 1. Block im Stadtteil *Aoyama*

Die korrekte Form der postalischen Anschrift in Japan wird in Band 2 behandelt.

8. *arigatō*

Arigatō gozaimashita ist die Vergangenheitsform von *arigatō gozaimasu*. Sie wird dann verwendet, wenn man sich für etwas bedankt, das zeitlich zurückliegt und/oder abgeschlossen ist. Da eine klare Abgrenzung nicht immer möglich ist, ist auch die Entscheidung, welche der beiden Formen in dem jeweiligen Fall angebracht ist, nicht immer leicht. *Arigatō* alleine ist weniger höflich als in Verbindung mit *gozaimasu* oder *gozaimashita*. Durch Hinzufügen von *dōmo* wird der Ausdruck des Danks verstärkt.

9. Personennamen

Der Familienname wird stets vor dem „Vornamen" genannt.

Es gibt über 100 000 japanische Familiennamen. Die zehn häufigsten sind:

1. *Satō*	6. *Saitō*
2. *Suzuki*	7. *Tanaka*
3. *Takahashi*	8. *Kobayashi*
4. *Itō*	9. *Sasaki*
5. *Watanabe*	10. *Yamamoto*

Während die häufigsten deutschen Familiennamen überwiegend von Berufsbezeichnungen abgeleitet sind, enthalten die (meistens mit zwei chinesischen Zeichen geschriebenen) japanischen Familiennamen größtenteils Begriffe aus Natur und Landwirtschaft.

Ki-no-shita	(unter dem Baum)
Ao-ki	(Grünbaum)
Ta-naka	(im Reisfeld)
Kiku-chi	(Chrysanthemengrund)

Das Zeichen für Glyzinie, *tō* gelesen, findet man häufig als zweiten Bestandteil in solch weit verbreiteten Namen wie *Katō*, *Satō*, *Saitō* und *Itō*.

Wenn man die chinesischen Zeichen nicht kennt, mit denen auch die „Vornamen" in der Regel geschrieben werden, kann die Unterscheidung zwischen Familien- und „Vornamen" mitunter Schwierigkeiten bereiten.

Am ehesten ist die Erkennung weiblicher Vornamen möglich, da diese meistens auf die Silbe *ko* oder auf die Vokale *e* oder *i* enden. Auch bei männlichen Vornamen gibt es typische Schlußsilben wie z.B. *rō* oder *o*.

C. Schriftlehre

1. Die か -Reihe der Hiragana

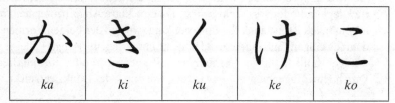

か	き	く	け	こ
ka	*ki*	*ku*	*ke*	*ko*

2. Worttrennung

Im Japanischen sind die Wörter normalerweise nicht durch Zwischenräume voneinander getrennt. Die Übernahme dieser Schreibweise in Texten für Anfänger, die entweder in Lateinschrift oder in *Kana* abgefaßt sind, würde die Lesbarkeit erheblich beeinträchtigen. Daher werden in diesem Band die Wörter durch einen Zwischenraum voneinander getrennt, wie dies übrigens auch in japanischen Kinderbüchern üblich ist. Bei der *Kana*-Schreibung beträgt der Wortzwischenraum jeweils ein Feld (= eine Silbe).

Um den Lernenden an die japanische Schreibweise zu gewöhnen, wurde in einigen Übungen bei mit *Kana* geschriebenen Wörtern auf Zwischenräume verzichtet.

D. Übungen

1. Setzen Sie die richtigen Partikeln ein:

1. *Koko* ..... *Aoyama desu.*
2. *Ginkō* ..... *doko* ..... *arimasu* ..... ?
3. *Yūbinkyoku* ..... *doko desu* ..... ?
4. *Asoko* ..... *depāto* ..... *arimasu.*
5. *Soko* ..... *ōkii kōen* ..... *hidarigawa desu.*
6. *Eki* ..... *mae desu.*
7. *Kono chikaku* ..... *hoteru* ..... *arimasu* ..... ?
8. *Akasaka-Mitsuke* ..... *ikutsume* ..... *eki desu* ..... ?
9. *Mittsume* ..... *eki desu.*
10. *Nani* ..... *shimasu* ..... ?
11. *Sake* ..... *nomimasu.*
12. *Doko* ..... *ikimasu* ..... ?
13. *Uchi* ..... *kaerimasu.*
14. *Uchi* ..... *terebi* ..... *mimasu.*
15. *Uchi* ..... *arimasu.*
16. *Takushī* ..... *iku* ..... , *gofun gurai desu.*

2. Bilden Sie Sätze nach folgendem Muster:

Beispiel: *Sono takai tatemono* → *Soko no takai tatemono.*

1. *Ano ōkii depāto.*
2. *Sono furui ike.*
3. *Ano atarashii ginkō.*
4. *Sono usui hon.*
5. *Ano atsui jisho.*
6. *Sono mijikai enpitsu.*
7. *Ano nagai bōru-pen.*
8. *Sono chiisai yūbinkyoku.*
9. *Ano shiroi kabe.*
10. *Kono midoriiro no kokuban.*

3. Bilden Sie jeweils zwei Sätze nach folgendem Muster:

Beispiel: *Koko wa ginkō desu. (atarashii)*
          → *Kore wa ginkō desu.* → *Kono ginkō wa atarashii desu.*

1. *Koko wa ike desu. (furui)*
2. *Asoko wa eki desu. (ōkii)*
3. *Koko wa yūbinkyoku desu. (chiisai)*

4. *Soko wa depāto desu. (kanari furui)*
5. *Asoko wa hoteru desu. (kanari atarashii)*

4. Bilden Sie die Negationsform:

1. *Koko wa Akasaka desu.*
2. *Kono chikaku ni ginkō ga arimasu.*
3. *Kōen no mae desu.*
4. *Hoteru wa koko kara tōi desu.*
5. *Eki wa chikai desu.*
6. *Takushī ga arimasu ka?*
7. *Uchi e kaerimasu.*
8. *Kyō wa Ōsaka e ikimasu.*
9. *Konban terebi o mimasu.*
10. *Sukiyaki o tabemasu.*

5. Antworten Sie:

1. *Koko wa doko desu ka?* (*Akasaka-Mitsuke*)
2. *Ginza wa ikutsume no eki desu ka?* (der 5.)
3. *Yūbinkyoku wa doko ni arimasu ka?* (hinter dem Bahnhof)
4. *Kono chikaku ni depāto ga arimasu ka?* (ja, vor dem hohen Gebäude da)
5. *Tōkyō eki wa koko kara tōi desu ka?* (nein, 5 Minuten mit der U-Bahn)
6. *Takushī wa arimasen ka?* (doch, vor dem Hotel dort)
7. *Sake o nomimasen ka?* (doch)
8. *Kore kara doko e ikimasu ka?* (zur Bank)
9. *Kinoshita-san wa itsu kimasu ka?* (morgen)
10. *Ashita koko e kimasu ka?* (nein, ich fahre morgen nach *Ōsaka*)
11. *Itsu terebi o mimasu ka?* (heute abend)

6. Bilden Sie passende Fragen zu folgenden Antworten:

1. *Koko wa Tōkyō eki desu.*
2. *Koko kara muttsume no eki desu.*
3. *Ano kōen no ushiro desu.*
4. *Teiryūjo wa asoko no hidarigawa desu.*
5. *Aoyama 1-chōme no tsugi desu.*
6. *Iie, arimasu yo.*
7. *Yūbinkyoku e ikimasu.*
8. *Ashita depāto e ikimasu.*
9. *Iie, eki kara kimasen.*
10. *Iie, tabemasu yo.*

7. Übersetzen Sie:

a.

1. Gibt es hier in der Nähe ein Hotel? – Ja, dort auf der linken Seite.
2. Ist die *Ginza* weit von hier? – Nein, nicht besonders weit. Wenn Sie mit dem Bus fahren, sind es etwa 5 Minuten.
3. Ist das Postamt in der Nähe? (*wörtl.* nahe) – Ja, vor dem Bahnhof.
4. Entschuldigen Sie, wo sind wir hier? – Dies (hier) ist der *Tōkyō* Hauptbahnhof. – Vielen Dank! – Keine Ursache.
5. Gibt es keine Taxen? – Doch, dort vor dem Hotel.
6. Links von dem hohen Gebäude dort ist die Post.
7. Wo ist das Hotel New *Ōtani*? – Hinter dem Park dort.
8. Die wievielte Station (Bahnhof) ist *Aoyama 1-chōme*? – Die fünfte Station von hier. Die nächste hinter *Akasaka-Mitsuke*. – Danke! – Bitte.
9. Wo ist die Bushaltestelle? – Rechts (auf der rechten Seite) vom Kaufhaus.
10. Wo liegt die Zeitung? – Auf dem Tisch dort.
11. Wo ist das gelbe Buch? – Hier.
12. Wohnen Sie (*wörtl.* Ist Ihr Haus) weit von hier? – Nein, in der Nähe (*wörtl.* nahe).
13. Herr *Kinoshita,* ist Ihr Büro weit von hier oder nahe? – Ziemlich weit.
14. Ist Ihr Büro auch weit, Herr *Aoki*? – Nein, ziemlich nahe.
15. Ich wohne (*wörtl.* Meine Wohnung ist) in der Nähe des Bahnhofs.
16. Wohin fahren Sie morgen? – Morgen fahre ich nach *Ōsaka*.
17. Was machen Sie heute abend? – Ich sehe zu Hause fern.
18. Essen Sie *Sukiyaki*? – Ja (ich esse es).

b.

wo, wohin, woher, auf dem Schreibtisch, unter dem Tisch, darunter, darauf, vor dem Bahnhof, hinter dem Kaufhaus, dahinter, davor, der nächste, der nächste Bahnhof hinter *Aoyama 1-chōme*, der wievielte von hier, der sechste von hier, weit von hier, ziemlich weit, (es) ist nicht so weit von hier, es ist nicht besonders weit, (es) ist nahe, (es) ist nicht nahe, hier in der Nähe, ungefähr 5 Minuten von hier, links von der Bank, rechts von der Post, im Klassenzimmer, in der Aktentasche, an der Wand, in der U-Bahn (vorkommend), in der U-Bahn (befindlich), zu Hause (tätig), zu Hause (befindlich), nach Hause, von zu Hause, mit der U-Bahn.

8. Schreibübung (einzelne Silben)

Schreiben Sie die Silben aus der か-Reihe nach der handschriftlichen Vorlage in Übungsbuch 1.

9. Schreibübung (Silben mit langem Vokal)

Schreiben Sie die Silben aus der か-Reihe mit langem Vokal in *Hiragana*:

kā												

kii												

kū												

kei												

kō												

10. Schreibübung (Wörter und Namen)

Schreiben Sie folgende Wörter und Personennamen aus den Lektionen 1 bis 4 in *Hiragana*:

a. Waagerechte Zeilen

ka		*kiku*			*Keiko*			

| *ki* | | *kuku* | | | *Akiko* | | | |

| *iku* | | | | | *akai* | | | |

| *eki* | | | | | *Aoki* | | | |

| *ike* | | | | | *ōkii** | | | |

| *koko* | | | | | *ōkiku** | | | |

* Wörter, deren langer Vokal *ō* durch お お wiederzugeben ist.

b. Senkrechte Zeilen

akai   ōkii   iku   ka   koko   ike   ki   ōkiku   eki   kiku

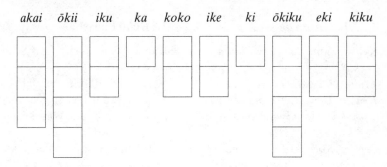

11. Lese-, Übersetzungs- und Transkriptionsübung

a. Lesen und übersetzen Sie folgende Wörter; schreiben Sie sie in Lateinschrift:

b. Lesen Sie die folgenden Personennamen und schreiben Sie sie in Lateinschrift:

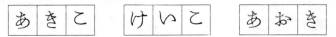

12. Übung der あいうえお-Ordnung

Schreiben Sie die Wörter und Namen aus Abschnitt 10 a in *Hiragana* in あいうえお-Reihenfolge.

Dai-5-ka

1. Nikuyasan de

*Kyaku: Sono hamu wa ikura desu
ka?*
Ten'in: 100 guramu 500 en desu.
*Kyaku: Dewa, 200 guramu kudasai.
Soko no sōsēji wa ikura desu ka?*

*Ten'in: Kore wa 100 guramu 400 en
desu.*
*Kyaku: Chotto takai desu ne. Motto
yasui no wa arimasen ka?*

*Ten'in: Kore wa dō desu ka? 100 gu-
ramu 350 en desu.*
*Kyaku: Sō desu ne. Dewa, sore ni
shimasu. 250 guramu onegai shimasu.*
Ten'in: Kore de ii desu ka?

Kyaku: Ē, kekkō desu.

2. Yaoyasan de

Kyaku: Gomen kudasai!
*Mise no kodomo: Okyakusan desu
yo!*
Uriko: Irasshaimase!
*Kyaku: Kono kirei na ringo wa ikura
desu ka?*
Uriko: Hitotsu gojū en desu.

Kyaku: Ja, itsutsu kudasai.

Uriko: Hoka ni nani ka …?
*Kyaku: Sono mikan o ichi kiro one-
gai shimasu.*
*Uriko: Kore wa nedan ga chotto ta-
kai desu ga, shinsen de oishii desu*

Lektion 5

1. Beim Fleischer　　　🔊

Kunde: Was kostet der Schinken
da?
Verkäufer: 100 Gramm 500 Yen.
Kunde: Dann (geben Sie mir) 200
Gramm bitte. Was kostet die
Wurst dort?
Verkäufer: Diese　hier　kostet
(*wörtl.* ist) 100 Gramm 400 Yen.
Kunde: Das ist (mir) etwas (zu) teu-
er. Haben Sie (*wörtl.* gibt es) kei-
ne billigere?
Verkäufer: Wie wäre (*wörtl.* ist) es
hiermit? 100 Gramm 350 Yen.
Kunde: Hmm. Dann nehme ich die
da. (Geben Sie mir) 250 Gramm
bitte.
Verkäufer: Ist das alles? (*Wörtl.* Ist
es hiermit gut?)
Kunde: Ja, das wär's. (*Wörtl.* Ja, es
ist gut.)

2. Beim Obst- und Gemüse-
händler

Kundin: Hallo!
Zum Laden gehörendes Kind: Kund-
schaft!
Verkäuferin: Guten Tag!
Kundin: Was kosten diese schönen
Äpfel hier?
Verkäuferin: Pro Stück (*wörtl.* ei-
ner) 50 Yen.
Kundin: Dann geben Sie mir bitte
fünf.
Verkäuferin: Außerdem noch etwas?
Kundin: Von den Mandarinen da
geben Sie mir bitte ein Kilo.
Verkäuferin: Die sind etwas teuer,
aber frisch und schmackhaft.

yo. (Nach dem Abwiegen:) Kore de yoroshii desu ka?
Kyaku: Ē, sore dake desu.

Uriko: Zenbu de 640 en desu. (Die Kundin gibt ihr den abgezählten Betrag.) *Hai, chōdo 640 en itadakimasu. Maido arigatō gozaimasu.*

(Nach dem Abwiegen:) Ist das alles? *(Wörtl.* Ist es hiermit gut?*)*
Kundin: Ja, das wär's. *(Wörtl.* Ja, das nur ist [es].*)*
Verkäuferin: Macht zusammen 640 Yen. *(Wörtl.* Mit allem sind es 640 Yen.*)* *(Die Kundin gibt ihr den abgezählten Betrag.)* Ja, genau 640 Yen. *(Wörtl.* Ja, ich bekomme genau 640 Yen.*)* Vielen Dank. *(Wörtl.* Jedesmal vielen Dank.*)*

3. *Kikuchi-san no kaimono-yō memo*

Sūpā: gyūnyū ichi rittoru, batā, māgarin, chīzu, tamago, kome, komugiko, satō, shio, koshō, shōyu, chokorēto.
Yaoya: yasai: saradana, daikon. kudamono: suika, kaki, ichigo, nashi, banana.

Sakanaya: tai, kai.

Pan'ya: shokupan.
Bēkarī: kukkī.
Kusuriya: chintsūzai, suimin'yaku.

3. Frau Kikuchis Einkaufszettel

Supermarkt: ein Liter Milch, Butter, Margarine, Käse, Eier, Reis, (Weizen-) Mehl, Zucker, Salz, Pfeffer, Sojasauce, Schokolade.
Obst- u. Gemüseladen: Gemüse: Kopfsalat, Rettich. Obst: Wassermelone, Kaki, Erdbeeren, Birnen, Bananen.
Fischhändler: Meerbrasse, Muscheln.
Bäckerei: japan. Weißbrot.
Konditorei: Gebäck.
Apotheke: schmerzstillendes Mittel, Schlaftabletten.

A. Vokabeln

1.

niku	Fleisch
-ya	Laden, Geschäft
nikuya	Fleischerladen, Fleischer
nikuyasan	= *nikuya*
kyaku	Gast, Kunde
hamu	Schinken
ikura	wie teuer
ikura desu ka	was kostet
ten'in	Verkäufer(in)
hyaku	hundert
guramu	Gramm
gohyaku	500

en	Yen
nihyaku	200
kudasai	bitte (geben Sie mir)
soko no	= *sono*
sōsēji	Wurst
yonhyaku	400
chotto	etwas, ein wenig
takai	teuer
chotto takai	etwas (zu) teuer
motto	mehr
yasui	billig
motto yasui	billiger
dō	wie
dō desu ka	wie wäre es
Kore wa dō desu ka?	Wie wäre es hiermit?
sanbyaku gojū	350
Sō desu ne.	Hmm …
ni shimasu	sich entscheiden für
Sore ni shimasu.	Ich nehme das da.
nihyaku gojū	250
negai	Bitte
onegai shimasu	(ich) bitte
Kore de ii desu ka?	Ist das alles?
Kekkō desu.	(hier:) Danke, das genügt. Danke, so ist es gut.

2.

yaoya(san)	Obst- und Gemüsehändler
Gomen kudasai!	Hallo! Ist hier jemand?
mise	Geschäft, Laden
kodomo	Kind
okyaku-san	(höfliche Form von *kyaku*)
Okyaku-san desu yo!	Kundschaft!
uriko	Verkäufer(in)

Irasshaimase!	Guten Tag! Willkommen!
kirei	schön
na	(Partikel)
ringo	Apfel
gojū	50
ja	= *dewa*
hoka ni	außerdem
Hoka ni nani ka?	Außerdem noch etwas?
mikan	Mandarine
kiro	Kilo
nedan	Preis
shinsen	frisch
oishii	schmackhaft; gut schmecken
yoroshii	gut, recht
Kore de yoroshii desu ka?	Ist das alles?
dake	nur
Sore dake desu.	Das wär's.
zenbu	alles
zenbu de	alles zusammen, insgesamt
roppyaku yonjū	640
chōdo	genau
itadakimasu	ich bekomme
maido	jedesmal
Maido arigatō gozaimasu!	Vielen Dank!

3.

kaimono	Einkauf
-yō	für
kaimono-yō	für den Einkauf
memo	Notiz, Notizzettel
kaimono-yō memo	Einkaufszettel
sūpā	Supermarkt
gyūnyū	Milch
rittoru	Liter
ichi rittoru	ein Liter

batā	Butter	*banana*	Banane
māgarin	Margarine	*sakana*	Fisch
chīzu	Käse	*sakanaya*	Fischgeschäft
tamago	Ei	*tai*	Meerbrasse
kome	(ungekochter) Reis	*kai*	Muschel
komugiko	(Weizen-) Mehl	*pan'ya*	Brotgeschäft,
satō	Zucker		Bäckerei
shio	Salz	*shokupan*	jap. Weißbrot
koshō	Pfeffer	*bēkarī*	Bäckerei, Kondi-
shōyu	Sojasoße		torei
chokorēto	Schokolade	*kukkī*	Gebäck, Plätzchen
yasai	Gemüse	*kusuri*	Medizin, Medika-
saradana	Kopfsalat		mente
daikon	Rettich	*kusuriya*	Apotheke
kudamono	Obst	*chintsūzai*	schmerzstillendes
suika	Wassermelone		Mittel
kaki	Kaki-Frucht	*suimin'yaku*	Schlafmittel,
ichigo	Erdbeere		Schlaftabletten
nashi	Birne		

B. Grammatik

1. Komparativ mit *motto*

In Verbindung mit Adjektiven oder Quasi-Adjektiven dient *motto* der Bildung des Komparativs.

***Motto yasui** no wa arimasen ka?*	Haben Sie keine **billigeren**?
	(*Wörtl.* Gibt es keine mehr billige?)
***Motto shinsen na** no wa*	Haben Sie keine **frischeren**?
arimasen ka?	(*Wörtl.* Gibt es keine mehr frische?)

2. *chotto* + Adjektiv

In Verbindung mit Adjektiven oder Quasi-Adjektiven nimmt *chotto* die Bedeutung „etwas/ein wenig zu ..." an: eine höfliche Umschreibung dafür, daß einem etwas zu teuer, zu groß, zu klein usw. ist.

> ***Chotto takai*** *desu ne.*   Das ist mir **etwas zu teuer**.
> (*Wörtl.* Das ist etwas teuer, nicht wahr?)

3. Quasi-Adjektive

Neben den echten, auf *ai*, *ii*, *ui* oder *oi* endenden Adjektiven (s. Lektion 2.B.1) gibt es sog. Quasi-Adjektive. Diese werden gleichsam wie Adjektive verwendet, sind aber unveränderlich. Folgt ein (nominales) Bezugswort, werden sie mit diesem durch die Partikel *na* verbunden. Die Partikel *na* bleibt auch dann erhalten, wenn das eigentliche Bezugswort durch die Partikel *no* ersetzt wird.

kekkō desu	ist gut
shinsen desu	ist frisch
kirei na ringo	schöne Äpfel
motto shinsen na no wa	frischere

Da Quasi-Adjektive unveränderlich sind, erfolgt die Negation im Gegensatz zu den echten Adjektiven ausschließlich durch das Verb.

kirei desu	→	*kirei dewa arimasen*
shinsen desu	→	*shinsen dewa arimasen*

4. *sō* und *dō*

Sō (so) und *dō* (wie) gehören zu den Demonstrativ- bzw. Fragewörtern, deren Anfangssilben nach einem festen Schema *ko*, *so*, *a* und *do* lauten (vgl. Lektion 4.B.1).

Kore wa dō *desu ka?*	**Wie** wäre es hiermit? (*Wörtl.* **Wie** ist dies?)
Sō *desu ne.*	Hmm... (*Wörtl.* **So** ist es, nicht wahr?)
Hai, ***sō*** *desu.*	Ja, **so** ist es.

5. *kudasai* und *onegai shimasu*

Sätze, in denen eine Bitte ausgesprochen wird, enden in der Regel mit dem

Verb *kudasai* oder dem verbalen Ausdruck *onegai shimasu*. Im Text dieser Lektion haben beide die Bedeutung „bitte geben Sie mir ...". *Kudasai* ist die Imperativform des Verbs *kudasaru* (= geben).

*200 guramu **kudasai**.*	**Geben Sie mir bitte** 200 Gramm.
*250 guramu **onegai shimasu**.*	**Geben Sie mir bitte** 250 Gramm.

6. *Gomen kudasai!*

Mit diesem Ausruf macht man sich bemerkbar, wenn z.B. in einem Geschäft kein Bedienungspersonal zu sehen ist.

7. *Irasshaimase!*

Übliche Begrüßungsformel, mit der Kunden und Gäste in Geschäften und Restaurants empfangen werden. Der Kunde grüßt in der Regel nicht, wenn er ein Geschäft oder Restaurant betritt und vom Verkaufs- oder Bedienungspersonal in der obigen Weise begrüßt wird.

8. *ja* und *dewa*

Ja ist eine etwas umgangssprachlichere Form von *dewa*.

9. *ten'in* und *uriko*

Beide Wörter bedeuten „Verkäufer(in)". Während *ten'in* (wörtl. „Mitglied eines Ladengeschäftes") die offizielle Berufsbezeichnung für das Verkaufspersonal in einem Geschäft ist, nennt man sog. „Bauchladenhändler" auf Bahnhöfen oder in Stadien *uriko*. In der Umgangssprache bezeichnet man jedoch auch Verkäuferinnen in einem Geschäft als *uriko*.

10. Die Zahlen von 11 bis 1000

Für die Zahlen ab 11 verwendet man mit Ausnahme von *yon* und *nana* ausschließlich sinojapanische Zählwörter. Die rein japanischen Lesungen *yon* und *nana* sowie die aus dem *h* abgeleiteten Konsonanten *b* und *pp* sind durch Unterstreichung gekennzeichnet.

11 *jūichi*	22 *nijūni*	101 *hyakuichi* usw.
12 *jūni*	23 *nijūsan*	111 *hyakujūichi* usw.
13 *jūsan*	24 *nijūyon* oder	200 *nihyaku*
14 *jūyon* oder *jūshi*	*nijūshi* usw.	300 *sanbyaku*
15 *jūgo*	30 *sanjū*	400 *yonhyaku*
16 *jūroku*	40 *yonjū*	500 *gohyaku*
17 *jūnana* oder	50 *gojū*	600 *roppyaku*
jūshichi	60 *rokujū*	700 *nanahyaku*
18 *jūhachi*	70 *nanajū*	800 *happyaku*
19 *jūkyū* oder *jūku*	80 *hachijū*	900 *kyūhyaku*
20 *nijū*	90 *kyūjū*	1000 *sen*
21 *nijūichi*	100 *hyaku*	

11. Die Zählung von Yen: *en*

Die japanische Währungseinheit ist *en*. Sie wird wie folgt gezählt:

ichi en	*go en*	*kyū en*	*nijū en*
ni en	*roku en*	*jū en*	…
san en	*nana en*	*jūichi en*	*hyaku en*
yo en*	*hachi en*	…	*sen en*

* *yo* ist neben *yon* und *shi* eine weitere Lesung der Zahl „vier".

12. Mengenangaben in Kilogramm und Liter

Auch bei der Mengenangabe in Kilogramm und Litern verwendet man die sinojapanischen Zahlen.

ichi kiro, ni kiro, san kiro, yon kiro, go kiro usw.

ichi rittoru, ni rittoru, san rittoru, yon rittoru, go rittoru usw.

C. Schriftlehre

1. Die さ - und た -Reihe der Hiragana

さ	し	す	せ	そ
sa	*shi*	*su*	*se*	*so*
た	ち	つ	て	と
ta	*chi*	*tsu*	*te*	*to*

2. Aussprache und Lateinumschrift der Silben し, ち und つ

Wie in Lektion 1.C.1 erwähnt, weichen die Silben し, ち und つ in ihrem konsonantischen Anlaut vom Schema der 50-Laute-Tafel ab. Die Silben *si, ti* und *tu* gibt es im Japanischen nicht.

In der vom japanischen Kultusministerium empfohlenen sog. *kunreishiki-* Lateinumschrift werden die drei betreffenden Silben allerdings *si, ti* und *tu* geschrieben. Damit soll die innere Logik der 50-Laute-Tafel bei der Transkription im Schriftbild dargestellt werden. Diese Umschrift ist jedoch von der tatsächlichen Aussprache der Konsonanten ‚s' und ‚t' in den verbreiteten Sprachen der Welt so weit entfernt, daß sie zu einer völlig falschen und damit unverständlichen Aussprache dieser Konsonanten verleitet.

3. Worttrennung

Japanische Wörter können nach jeder Silbe getrennt werden. Einen Trennungsstrich am Ende einer Zeile gibt es nicht.

D. Übungen

1. Setzen Sie das Adjektiv bzw. Quasi-Adjektiv vor das Bezugswort:

Beispiel: *Sono ringo wa kirei desu.* → *Sore wa kirei na ringo desu.*

1. *Ano chokorēto wa oishii desu.*
2. *Asoko no sakana wa shinsen desu ka?*
3. *Sono ichigo wa takai desu.*
4. *Soko no ichigo mo takai desu ka?*
5. *Kono nashi wa kirei dewa arimasen.*
6. *Sono yasai wa amari shinsen dewa arimasen.*
7. *Kono saradana wa amari yasuku arimasen.*
8. *Asoko no daikon wa kanari nagai desu.*
9. *Sono suika wa chotto takai desu.*
10. *Ano kudamono wa shinsen desu yo.*

2. Bilden Sie die Negationsform:

1. *Kono kukki wa oishii desu.*
2. *Soko no kaki wa kirei desu.*
3. *Sono banana mo kirei desu.*
4. *Ano gyūnyū wa kanari takai desu.*
5. *Kono tamago wa kanari shinsen desu.*
6. *Aoki-san wa ten'in desu.*
7. *Motto yasui no wa arimasu ka?*
8. *Motto shinsen na no wa arimasu ka?*

3. Antworten Sie:

1. *Kono suika wa ikura desu ka?*
2. *Sono sōsēji wa ikura desu ka?*
3. *Soko no kirei na mikan wa ikura desu ka?*
4. *Ano gyūnyū wa ikura desu ka?*
5. *Motto yasui no wa arimasen ka?*
6. *Motto shinsen na no wa arimasen ka?*
7. *Kore wa dō desu ka?*
8. *Ichi rittoru de ii desu ka?*
9. *Hoka ni nani ka … ?* (Das wär's.)
10. *Kore de yoroshii desu ka?* (Ja, das wär's.)
11. *Zenbu de ikura desu ka?*

4. Bilden Sie passende Fragen zu folgenden Antworten:

1. *100 guramu 400 en desu.*

2. *Kore wa 100 guramu 600 en desu.*
3. *Hitotsu 120 en desu.*
4. *Ichi kiro 360 en desu.*
5. *Ichi rittoru 280 en desu.*
6. *Ē, sore dake desu.*
7. *Sore dake desu.*
8. *Ē, ichi rittoru de kekkō desu.*
9. *Sore ni shimasu.*
10. *Iie, arimasu yo.*
11. *Hai, arimasen.*
12. *Zenbu de 940 en desu.*

5. Übersetzen Sie:

1. Hallo! – Kundschaft! – Guten Tag.
2. Was kosten die Erdbeeren da? – 100 g 400 Yen.
3. Wieviel kosten diese Wassermelonen? – 750 Yen pro Stück.
4. Dann geben Sie mir bitte vier Stück.
5. Sonst noch etwas? – Drei Kilo von den Mandarinen da bitte.
6. Ist das alles? – Ja, das wär's.
7. Macht zusammen 947 Yen.
8. Ja, (ich bekomme) genau 947 Yen.
9. Wieviel kostet dieser Kopfsalat? – 530 Yen. – Das ist mir etwas zu teuer. Haben Sie keinen billigeren? – Wie wäre es hiermit? – Der ist mir etwas zu klein.
10. Diese Äpfel sind etwas teuer (*wörtl.* im Preis etwas hoch), aber schmecken gut. – Dann nehme ich sie.
11. Haben Sie keine frischeren?
12. Haben Sie keine schöneren?
13. Geben Sie mir zwei Liter Milch bitte.
14. Frau Kikuchis Einkaufszettel ist ziemlich lang.
15. Das japanische Weißbrot da ist teuer.
16. Dieser Rettich ist nicht besonders teuer.
17. Die Erdbeeren dort sind ziemlich teuer.
18. Die Wurst da ist mir etwas zu teuer.
19. Ist die Apotheke weit vom Supermarkt entfernt?

6. Schreibübung (einzelne Silben)

Schreiben Sie die Silben aus der さ und た-Reihe in die entsprechenden Felder von Übungsbuch 1.

7. Schreibübung (Silben mit langem Vokal)

Schreiben Sie folgende Silben aus der さ und た-Reihe in Hiragana auf

Papier mit quadratischen Feldern:

sā, shii, sū, sei, sō, tā, chii, tsū, tei, tō.

8. **Schreibübung (Wörter und Namen)**

Schreiben Sie folgende Wörter und Namen aus den Lektionen 1 bis 5 in Hiragana auf Papier mit quadratischen Feldern:

sō, isu, shi, usui, Akasaka, soko, oishii, suika, asoko, shio, ichi, tai, ikutsu, itsutsu, Kikuchi, Kinoshita, Satō, seito, tō*, tsukue, atsui, chiisai, otaku, uchi, shita, chikatetsu, shichi, takai, chikai, tōi*.

* Dehnung des langen Vokals *ō* durch お statt う.

9. **Lese-, Übersetzungs- und Transkriptionsübung**

a. Lesen und übersetzen Sie folgende Wörter und Wortgruppen; schreiben Sie sie in Lateinschrift:

そこ、 いち、 し、 いくつ、 いつつ、 ちい
さいうち、 おたく、 ちかてつ、 いす、 せい
と、 うすい、 とお、 すいか、 あそこ、 し
た、 ちかい、 さとうとしお、 とおい、 あつ
い、 そう、 という、 しそく、 たす、 つく
え、 たかい、 おいしい、 たい、 かい。

b. Lesen Sie folgende Eigennamen und schreiben Sie sie in Lateinschrift:

あかさか、 さとう、 きくち、 かとう あきこ、
いとう けいこ、 さいとう。

10. **Übung der** あいうえお**-Ordnung**

Schreiben Sie die Wörter und Namen aus Abschnitt 8 in あいうえお-Reihenfolge in *Hiragana*.

Dai-6-ka

Sensei to seito no kaiwa

Lektion 6

Gespräch zwischen Lehrer und Schülern   ⊙⊙

Sensei: Kyōshitsu no naka ni dare ka imasu ka?

Lehrer: Ist jemand im Klassenzimmer?

Seito: Hai, imasu.

Schüler: Ja.

Sensei: Dare ga imasu ka?

Lehrer: Wer (ist im Klassenzimmer)?

Seito: Kinoshita-sensei to seito ga imasu.

Schüler: Der Lehrer Kinoshita und Schüler.

Sensei: Seito wa nannin imasu ka? Klein-san?

Lehrer: Wieviele Schüler sind anwesend? Herr Klein?

Klein: Seito wa jūninin imasu.

Klein: Zwölf Schüler sind anwesend.

Sensei: Onnanohito wa nannin imasu ka?

Lehrer: Wieviele Frauen sind anwesend?

Seito: Onnanohito wa gonin imasu.

Schüler: Fünf Frauen sind anwesend.

Sensei: Otokonohito wa nannin imasu ka?

Lehrer: Männer sind wieviele da?

Seito: Otokonohito wa shichinin imasu.

Schüler: Männer sind sieben da.

Sensei: Hai, gonin no seito wa onna de, shichinin wa otoko desu. Müller-san wa okosan ga arimasu ka?

Lehrer: Ja, fünf Schüler sind Frauen und sieben sind Männer. Frau Müller, haben Sie Kinder?

Müller: Hai, arimasu.

Müller: Ja.

Sensei: Nannin desu ka?

Lehrer: Wieviele?

Müller: Sannin desu.

Müller: Drei.

Sensei: Minna otokonoko desu ka?

Lehrer: Sind alle Jungen?

Müller: Iie, hitori wa otokonoko de, ato no futari wa onnanoko desu.

Müller: Nein, eins ist ein Junge und die beiden anderen sind Mädchen.

Sensei: Braun-san mo okosan ga arimasu ka?

Lehrer: Haben Sie auch Kinder, Frau Braun?

Braun: Iie, watakushi wa kodomo ga suki desu ga, mada dokushin desu.

Braun: Nein, ich habe Kinder gern, aber ich bin noch alleinstehend.

Sensei: Otaku ni dōbutsu ga imasu ka?

Lehrer: Haben Sie Tiere zu Hause? (*Wörtl.* Sind in Ihrem Hause Tiere?)

Braun: Hai, neko ga imasu.

Braun: Ja, eine Katze/Katzen.

Sensei: Nanbiki imasu ka?
Braun: Ippiki shika imasen.
Sensei: Braun-san no neko no namae
  wa nan to iimasu ka?
Braun: Tama to iimasu.
Sensei: Kunze-san no tokoro ni mo
  neko ga imasu ka?
Kunze: Iie, watakushi no tokoro ni
  wa inu ga nihiki imasu.
Sensei: Nan to iu namae desu ka?
Kunze: Ippiki wa Pochi de, mō ippi-
  ki wa Kuro to iimasu.
Sensei: Inu wa ima doko ni imasu
  ka?
Kunze: Ima uchi ni dare mo inai no-
  de, tomodachi no tokoro ni imasu.

Sensei: Otomodachi wa Nihon no
  kata desu ka?
Kunze: Iie, Amerikajin desu.
Sensei: Sono kata mo dōbutsu o katte
  imasu ka?
Kunze: Ē, inko ya kanariya nado no
  tori o katte imasu.

Lehrer: Wieviele?
Braun: Nur eine.
Lehrer: Wie heißt Ihre Katze, Herr
  Braun?
Braun: Sie heißt *Tama.*
Lehrer: Herr Kunze, haben Sie auch
  Katzen zu Hause?
Kunze: Nein, ich habe zu Hause
  zwei Hunde.
Lehrer: Wie heißen sie?
Kunze: Einer heißt *Pochi*, der an-
  dere *Kuro.*
Lehrer: Wo sind Ihre Hunde jetzt?

Kunze: Da jetzt niemand bei mir zu
  Hause ist, sind sie bei einem
  Freund von mir.
Lehrer: Ist Ihr Freund Japaner?

Kunze: Nein, er ist Amerikaner.
Lehrer: Hält er auch Tiere?

Kunze: Ja, er hat Wellensittiche,
  Kanarienvögel und andere Vögel.

A. Vokabeln   🔊

kaiwa	Unterhaltung, Kon-versation, Gespräch	otoko	Mann
dare ka	jemand	ko	Kind
imasu	da/anwesend sein	okosan	(Ihr/Ihre) Kind(er)
nannin	wieviele (Personen)	arimasu	*(hier:)* haben
jūninin	12 (Personen)	sannin	drei (Personen)
hito	Mensch(en)	minna	= *mina*
onna	Frau	otokonoko	Junge
onnanohito	Frau	hitori	eine (Person)
gonin	fünf (Personen)	ato (no)	die anderen, die übrigen
otokonohito	Mann	futari	zwei, beide (Perso-nen)
shichinin	sieben (Personen)		

onnanoko	Mädchen	*Pochi*	(Hundename)
(ga) suki (desu)	(jn./etwas) gern haben, mögen, lieben, (etwas) gern tun	*de*	= *desu*
		Kuro	(Tiername)
		ima	jetzt
		dare mo (+Neg.)	niemand
dokushin	Junggeselle, Junggesellin, Alleinstehende(r), Ledige(r)	*inai*	= *imasen*
		tomodachi no tokoro ni	bei (m)einem Freund
dōbutsu	Tier	*Nihon*	Japan
neko	Katze	*kata*	Person, Dame, Herr
nanbiki	wie viele (Tiere)		
ippiki	ein (Tier)	*Nihon no kata*	Japaner(in)
shika (+ Neg.)	nur	*Amerikajin*	Amerikaner(in)
to iimasu	heißen	*sono kata*	sie, er (*wörtl.* die betr. Person)
Tama	(Katzenname)		
tokoro	(*hier:*) = *uchi, otaku*	*katte imasu*	(Tiere) halten, haben
inu	Hund	*inko*	Wellensittich
nihiki	zwei (Tiere)	*ya*	und
Nan to iu namae desu ka?	Wie heißt er? Wie heißen sie?	*kanariya*	Kanarienvogel
		nado	und andere, usw.
ippiki ..., mō ippiki	der eine ..., der andere ...	*tori*	Vogel

B. Beispielsätze mit Übersetzung   💿

1. *Itō-san ni wa kodomo ga sannin arimasu. Futari wa onnanoko de, mō hitori wa otokonoko desu.*
   Frau *Itō* hat drei Kinder. Zwei sind Mädchen, und (noch) eins ist ein Junge.

2. *Futari no okosan no namae wa nan to iimasu ka? – Hitori wa Akiko de, mō hitori wa Ichirō to iimasu.*
   Wie heißen Ihre beiden Kinder? – Eins heißt *Akiko*, und das andere heißt *Ichirō*.

3. *Okosan wa nan to iu onamae desu ka? – Onnanoko wa Keiko de, otokonoko wa Kazuo to iimasu.*
   Wie heißen Ihre Kinder? – Das Mädchen heißt *Keiko*, und der Junge heißt *Kazuo*.

4. *Kodomo wa ima doko ni imasu ka? – Hitori wa tomodachi no tokoro de,*
   ato no futari wa kōen ni imasu.
   Wo sind die Kinder jetzt? – Eins ist bei Freunden, und die beiden anderen sind im Park.

5. *Otaku ni ima dare ka imasu ka? – Iie, ima uchi ni wa dare mo imasen.*
   Ist jemand bei Ihnen zu Hause? – Nein, im Augenblick ist niemand da.

6. *Mise ni dare ga imasu ka? – Ten'in ga futari imasu.*
   Wer ist im Geschäft? – Zwei Verkäufer.

7. *Aoki-san wa neko ga suki desu.*
   Frau *Aoki* hat gern Katzen.

8. *Kinoshita-san wa tori ga amari suki dewa arimasen.*
   Herr *Kinoshita* mag Vögel nicht besonders gern.

9. *Satō-san no nihiki no inu wa tēburu no shita ni imasu.*
   Herrn *Satos* zwei Hunde sitzen unter dem Tisch.

10. *Ano sakana o sanbiki kudasai.*
    Geben Sie mir bitte drei von den Fischen dort.

11. *Otomodachi mo dōbutsu o katte imasu ka? – Ē, inu ya neko o katte imasu.*
    Hält Ihr Freund auch Tiere? – Ja, er hat Hunde und Katzen (und andere Tiere).

C. Grammatik

1. *Imasu* bei Personen und Tieren

Imasu (= da sein, anwesend sein) bezieht sich nur auf Menschen und Tiere; das Da- oder Vorhandensein unbelebter Gegenstände sowie von Pflanzen wird durch *arimasu* ausgedrückt.

---

*Seito wa jūninin **imasu**.*
12 Schüler sind da/anwesend.

*Onnanohito wa nannin **imasu** ka?*
Wieviele (von den Anwesenden) sind Frauen? (*Wörtl.* Frauen sind wieviele anwesend?)

*Inu wa ima doko ni **imasu** ka?*
Wo sind Ihre Hunde jetzt?

2. *arimasu* bei Personen und Tieren

Arimasu bedeutet außer „da (an einem bestimmten Ort) sein" auch „vorhanden sein", „es gibt" oder „haben" im existentiellen Sinn. In dieser weiteren Bedeutung verwendet man es auch für Menschen und Tiere. Auch in der Bedeutung „haben" kann *arimasu* mit der Partikel *ni* verwendet werden.

> *Müller-san wa okosan ga* **arimasu** *ka? – Hai,* **arimasu.**
> Haben Sie Kinder, Frau Müller? – Ja, ich habe (Kinder).
>
> *Itō-san ni wa kodomo ga sannin* **arimasu.**
> Herr *Itō* hat drei Kinder.

3. *dare (ga)* und *dare ka*

Mit *dare (ga)* wird nach einer bestimmten Person gefragt („wer"), mit *dare ka* nach einer unbestimmten Person („jemand"). (Vgl. *nani (ga)* und *nani ka* in Lektion 3.B.7)

> *Kyōshitsu no naka ni* **dare ka** *imasu ka?*
> Ist **jemand** im Klassenzimmer?
>
> **Dare ga** *imasu ka?*
> **Wer** ist da?

4. *Dare mo* und *nani mo*

Die japanischen Entsprechungen der Begriffe „niemand" und „nichts" werden gebildet, indem man an *dare* (wer) und *nani* (was) die Partikel *mo* anfügt. Das Verb des Satzes steht dabei in der Negationsform.

> *Uchi ni* **dare mo** *imasen.*
> Bei mir zu Hause ist niemand.
>
> *Tsukue no shita ni wa* **nani mo** *arimasen.*
> Unter dem Schreibtisch befindet sich nichts.

5. *ni* und *no naka ni*

Ni und *no naka ni* in der Bedeutung „in" unterscheiden sich nur unwesentlich dadurch, daß bei *no naka ni* das Raumempfinden stärker ist. (Vgl. im Deutschen: „in der Klasse" und „im Klassenzimmer".)

> *Kyōshitsu **no naka ni** dare ka imasu ka?*
> Ist jemand im Klassenzimmer?
>
> *Kyōshitsu **ni** ōkii mado ga arimasu.*
> Das Klassenzimmer hat große Fenster.

6. *ni* und *ni wa*

Wie in Lektion 2.B.5. ausgeführt, steht bei Ortsangaben häufig die Postposition *ni*. Soll eine Abhebung oder Abgrenzung gegenüber etwas anderem ausgedrückt werden (besonders bei Negation), fügt man – wie in anderen Fällen – oftmals die Partikel *wa* an. Die folgenden Beispielsätze sind sowohl mit also auch ohne *wa* korrekt.

> *Otaku **ni** dōbutsu ga imasu ka?*
> Haben Sie Tiere zu Hause?
>
> *Watakushi no tokoro **ni wa** inu ga nihiki imasu.*
> Ich habe zu Hause zwei Hunde.
>
> *Kyōshitsu **ni** ōkii mado ga arimasu.*
> Das Klassenzimmer hat große Fenster.
>
> *Tsukue no shita **ni wa** nani mo arimasen.*
> Unter dem Schreibtisch befindet sich nichts.
>
> *Watakushi no tokoro **ni wa** neko wa imasen.*
> Ich habe keine Katzen zu Hause.

7. Verknüpfung von Sätzen durch *de*

Wie in Lektion 3.B.9 ausgeführt, kann man Sätze durch die Konjunktion *ga* miteinander verknüpfen. Einen auf *desu* endenden Satz kann man aber auch mit dem darauffolgenden Satz verbinden, indem man anstelle von *desu* eine davon abgeleitete Form, nämlich *de* als Bindeglied einsetzt. Dieses *de* zeigt an, daß die Aussage noch nicht abgeschlossen ist und ein weiterer Satz angeschlossen wird.

> *Ippiki wa Pochi **de**, mō ippiki wa Kuro to iimasu.*
> Der eine ist (= heißt) *Pochi,* der andere *Kuro.*
>
> *Gonin no seito wa onna **de**, shichinin wa otoko desu.*
> Fünf (der) Schüler sind Frauen, sieben sind Männer.

8. *to* und *ya*

Sowohl *to* als auch *ya* fungieren als Bindewort bei der Aufzählung von Nomina. Während jedoch durch *to* verbundene Nomina eine vollständige Aufzählung bilden, stellen durch *ya* verbundene Nomina eine offene Menge dar, die eher beispielhaft ist und der man noch weitere Glieder anfügen könnte. Im folgenden Beispiel wird die Unvollständigkeit der Aufzählung mit *ya* durch das nachgestellte *nado* noch mehr hervorgehoben.

Sensei to seito no kaiwa.
Gespräch zwischen Lehrer und Schülern. (Außer Lehrer und Schülern sind keine weiteren Personen an dem Gespräch beteiligt.)
Inko ya kanariya nado no tori o katte imasu.
Er hat Wellensittiche, Kanarienvögel und andere Vögel.

9. Zählwort für Menschen *nin*

nannin	wieviele Menschen/Personen		
hitori	eine Person, ein Mensch	*hachinin*	acht Personen
futari	zwei Personen, beide	*kyūnin* oder	neun *"*
sannin	drei Personen	*kunin*	
yonin	vier *"*	*jūnin*	zehn *"*
gonin	fünf *"*	*jūichinin*	elf *"*
rokunin	sechs *"*	*jūninin*	zwölf *"*
shichinin	sieben *"*	usw.	

10. Zählwort für Tiere *hiki*

nanbiki	wieviele Tiere		
ippiki	ein Tier	*happiki* oder	acht Tiere
nihiki	zwei Tiere	*hachihiki*	
sanbiki	drei *"*	*kyūhiki*	neun *"*
yonhiki	vier *"*	*jippiki*	zehn *"*
gohiki	fünf *"*	*jūippiki*	elf *"*
roppiki	sechs *"*	*jūnihiki*	zwölf *"*
nanahiki oder *shichihiki*	sieben Tiere	usw.	

Für Vögel, Hasen und z.B. größere Tiere wie Pferde und Rinder gibt es jeweils noch andere Zählwörter; da es jedoch die Japaner selbst in der Umgangssprache nicht immer so genau nehmen und oft auch die eigentlich ein gesondertes Zählwort erfordernden Tiere mit *hiki* zählen, sollte sich der Lernende zumindest im Anfangsstadium nicht zu sehr mit diesem für das gegenseitige Verständnis unwesentlichen Problem aufhalten.

11. *onna* **und** *onnanohito, otoko* **und** *otokonohito*

Onnanohito und *onna* sowie *otokonohito* und *otoko* haben zwar die gleiche Bedeutung; die ersten Begriffe sind jedoch höflicher als ihre kürzeren Entsprechungen.

D. Schriftlehre

1. Die な - und は -Reihe der *Hiragana*

な	に	ぬ	ね	の
na	*ni*	*nu*	*ne*	*no*
は	ひ	ふ	へ	ほ
ha (wa)	*hi*	*fu*	*he (e)*	*ho*

2. Aussprache der Silbe ふ

Da der Anlaut der Silbe ふ näher beim „f" als beim „h" liegt, wird sie in der Hepburn-Umschrift mit *fu* wiedergegeben.

3. Sonderlesungen der Silbenzeichen は und へ

Als Bestandteil eines Wortes werden die Silbenzeichen は und へ *ha* bzw. *he* gelesen und entsprechend transkribiert. Das Silbenzeichen は verwendet man aber auch zur Wiedergabe der Partikel *wa*, das Silbenzeichen へ zur Wiedergabe der Postposition *e*.

E. Übungen

1. Setzen Sie die richtigen Partikeln ein:

1. *Kyōshitsu* ..... *naka* ..... *dare* (jemand) ..... *imasu* ..... ?
2. *Katō-san* ..... *otaku* ..... *dare* (wer) ..... *imasu* ..... ?
3. *Uchi* ..... *dare* ..... *imasen.*
4. *Seito* ..... *nannin imasu* ..... ?
5. *Gonin* ..... *seito* ..... *onna de, shichinin* ..... *otoko desu.*
6. *Watakushi* ..... *kodomo* ..... *suki desu.*
7. *Otaku* ..... *dōbutsu* ..... *imasu* ..... ?
8. *Tanaka-san* ..... *neko* ..... *nan* ..... *iimasu* ..... ?
9. *Aoki-san* ..... *tokoro* ..... *inu* ..... *imasu* ..... ?
10. *Watakushi* ..... *tokoro* .... *neko* ..... *imasen.*
11. *Kikuchi-san* ..... *inu* ..... *neko nado* ..... *dōbutsu* ..... *katte imasu.*

2. Ersetzen Sie die fett gedruckten Wörter und antworten Sie:

a. Beispiel: ***Kyōshitsu ni*** *dare ka imasu ka?*
   Uchi ni dare ka imasu ka? – Iie, dare mo imasen.

einzusetzende Wörter	*in der Antwort zu verwendende Wörter*
im Zimmer; im Büro; im Fleischerladen; im Supermarkt; bei Herrn *Kinoshita*; in der Apotheke; in Ihrer Wohnung; im Fischgeschäft.	nein, niemand; ja; ja, zwei Kunden; ja, vier Kinder; ja, eine Verkäuferin; ja, eine Sekretärin; ja, vier Jungen und fünf Mädchen; ja, drei Verkäufer.

b. Beispiel: ***Kyōshitsu ni*** *dare ga imasu ka?*
   Uchi ni dare ga imasu ka? – Katō-san ga imasu.

einzusetzende Wörter	*in der Antwort zu verwendende Wörter*
in der Bäckerei; bei mir (zu Hause); im Kaufhaus; in dem Haus dort; im Postamt; bei Ihnen (zu Hause); in der Bank; im Obst- und Gemüseladen.	ein Verkäufer; Frau *Satō*; eine Kundin; zwei Lehrer; drei Freunde; vier Männer; fünf Frauen; meine Freundin.

3. Antworten Sie:

1. *Kyōshitsu no naka ni dare ka imasu ka?*
2. *Kikuchi-san no otaku ni dare ga imasu ka?*
3. *Kyō wa seito ga nannin imasu ka?*
4. *Kusuriya-san ni okyakusan ga nannin imasu ka?*
5. *Satō-san wa okosan ga arimasu ka?*

6. *Anata wa kodomo ga suki desu ka?*
7. *Tanaka-san ni wa nannin no kodomo ga arimasu ka?* (4)
8. *Kinoshita-san no kodomo wa minna otokonoko desu ka?* (nein, 1 Junge und 1 Mädchen)
9. *Aoki-san mo kodomo ga arimasu ka?*
10. *Nannin imasu ka?* (nur eins)
11. *Otaku ni dōbutsu ga imasu ka?*
12. *Katō-san no neko wa nan to iimasu ka?*
13. *Kunze-san no tomodachi wa dōbutsu o katte imasu ka?*

4. Bilden Sie passende Fragen zu folgenden Antworten:

1. *Seito ga nijūnin imasu.*
2. *Onnanoko ga yonin imasu.*
3. *Hai, imasu.*
4. *Iie, dare mo imasen.*
5. *Hitori shika imasu.*
6. *Hitori shika arimasen.*
7. *Hitotsu shika arimasen.*
8. *Hai, inu ga imasu.*
9. *Nihiki imasu.*
10. *Tama to iimasu.*
11. *Ima Tanaka-san no tokoro ni imasu.*
12. *Ippiki shika imasen.*

5. Übersetzen Sie:

a. 2 Klassenzimmer, 120 Yen, wieviele Personen, 500 Gramm, 3 Fische, 4 Frauen, der 5. Bahnhof, 6 Lektionen, 9 Schüler, der wievielte Bahnhof, der 7. Block, 1 Lehrer, die 6. Lektion, 2 Liter, 874 Yen, 4 Katzen, 11 Kinder, 1 Kilo, 2 Amerikaner.

b.
1. Ist jemand in der Klasse? – Ja, ein Lehrer und zwei Schüler.
2. Ist jemand im Bäckerladen? – Nein, niemand.
3. Wer ist in der Klasse? – Zwei Lehrer und neun Schüler.
4. Wieviele Schüler sind heute da? – Zehn.
5. Haben Sie (zu Hause) Tiere? – Nein.
6. Haben Sie (zu Hause) Katzen? – Ja. – Wieviele? – Zwei. – Wie heißen sie? – Die eine heißt (=ist) *Tama*, die andere *Kuro*.
7. Haben Sie auch Wellensittiche (zu Hause)? – Nein, ich habe (zu Hause) einen Kanarienvogel.
8. Hält Ihre Freundin Tiere? – Ja, Hunde, Katzen und andere Tiere.

9. Der Hund sitzt (= ist) unter dem Tisch.
10. Unter dem Tisch sitzt ein Hund.
11. Haben Sie Kinder? – Ja. – Wieviele? – Zwei. – Sind es Mädchen? – Nein, das eine ist ein Junge, das andere ein Mädchen.
12. Hat Frau *Tanaka* Kinder? – Ja, eins. – Ist es ein Junge oder ein Mädchen? – Ein Mädchen. – Wie heißt es? – *Michiko*.
13. Wie heißen die beiden Lehrer dort? – Der eine heißt *Katō*, der andere *Satō*.
14. Sind in dem Klassenzimmer vier (Schreib-) Tische? – Nein, nur einer.
15. Sind in der Konditorei acht Kunden? – Nein, nur vier.

6. Schreibübung (einzelne Silben)

Schreiben Sie die Silben aus der な - und は -Reihe in die entsprechenden Felder von Übungsbuch 1.

7. Schreibübung (Silben mit langem Vokal)

Schreiben Sie folgende Silben der な - und は -Reihe in *Hiragana* auf Papier mit quadratischen Feldern:

nā, nii, nū, nei, nō, hā, hii, fū, hei, hō.

8. Schreibübung (Wörter und Namen)

Schreiben Sie folgende Wörter und Namen aus den Lektionen 1 bis 6 in *Hiragana* auf Papier mit quadratischen Feldern:

nanatsu, kokonotsu, hitotsu, futatsu, hachi, katakana, kono, sono, ano, Tanaka, niku, neko, inu, nashi, Kinoshita, naka, hai, nani, nihiki, anata, otokonohito, sakana.

9. Schreibübungen (Wortgruppen)

Schreiben Sie folgende Wortgruppen aus den Lektionen 1 bis 6 in *Hiragana* auf Papier mit quadratischen Feldern:

kono chikaku ni, chikatetsu no naka ni, Ōsaka e, tsukue no ue ni, nihiki no inu, koko ni wa, hoka ni nani ka, inu to neko, uchi e, koko wa Akasaka, nashi futatsu, sakana nihiki.

10. Lese-, Übersetzungs- und Transkriptionsübung

Lesen und übersetzen Sie folgende Wortgruppen; schreiben Sie sie in Lateinschrift:

このいぬ、　そのねこ、　あのおとこのひと、　ふた
つのつくえ、　ななつのいす、　このちかくに、　ほ
かになにか、　ここはあかさか、　おおきいいぬ、
たなかときのした、　にひきのねこ、　ちかてつのな
かに、　あのつくえのうえに、　ここには、　なしひ
とつ、　あのえ、　あそこへ。

11. Übung der あいうえお **-Ordnung**

Schreiben Sie die Wörter und Namen aus Abschnitt 8 in *Hiragana* in
あいうえお-Reihenfolge.

12. „Konkrete Poesie" oder „Punkt, Punkt, Komma, Strich: fertig ist das
Mondgesicht" auf japanisch, bestehend aus den Silbenzeichen こ, し,
つ, て und へ:

Raum für eigene Schöpfungen:

Dai-7-ka

Nihon no chizu (1)   ⟨⊙.⊙⟩

Sensei: Kyō wa atatakai desu ne. Mina-san ikaga desu ka? Sore dewa, hajimemashō. Kore wa Nihon no chizu desu. Kore wa Nihon desu. Kore wa Chūgoku de, kore wa Kita-Chōsen to Kankoku desu. Kita no hō ni Soren ga arimasu.
Nihon no nishi no hō ni donna kuni ga arimasu ka?

Seito: Chūgoku to Kita-Chōsen to Kankoku ga arimasu.

Sensei: Higashi no hō ni wa nani ga arimasu ka?

Seito: Higashi no hō ni wa Taiheiyō ga arimasu.

Sensei: Hai, kekkō desu. Nishi no hō ni mo umi ga arimasu ne. Sore wa nan to
iimasu ka?

Seito: Sore wa Nihonkai to iimasu.

Sensei: Sō desu ne. Nihon no minami no hō ni takusan no shima ga arimasu.
„Nihon wa shimaguni da" to Nihonjin wa yoku iimasu. Nihon ni wa yottsu
no ōki na shima ga arimasu. Ichiban ōkii no wa Honshū desu. Kore ga Honshū desu. Mō hitotsu wa Hokkaidō desu. Ato no futatsu wa Shikoku to Kyūshū desu. Shikoku wa ichiban chiisai shima desu. Hokkaidō wa ichiban samui shima desu. Fuyu mo natsu mo Doitsu to onaji gurai no kikō desu. Fuyu
ni wa yuki ga takusan furimasu. Sapporo no yuki-matsuri wa yūmei desu.
Dewa, kore kara shitsumon shimasu. Nihon ni wa ikutsu no ōki na shima ga
arimasu ka?

Seito: Yottsu no ōki na shima ga arimasu.

Sensei: Kono shima wa nan to iimasu ka?

Seito: Honshū to iimasu.

Sensei: Kore wa nan to iu hantō desu ka?

Seito: Chōsen hantō desu.

Sensei: Nihon wa doko ni arimasu ka?

Seito: Higashi-Ajia ni arimasu.

Sensei: Sore dewa, kyō wa koko made desu.

Nihon no chizu

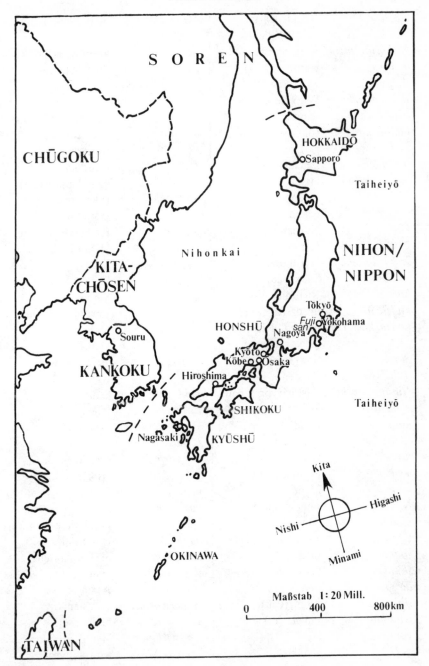

A. Vokabeln

chizu	(Land-)Karte, (Stadt-)Plan	*ichiban (+ Ad-jektiv)*	meist (Superlativ)
Nihon no chizu	Karte von Japan	*ichiban ōkii*	am größten; größte
atatakai	warm	*ichiban ōkii no wa*	die größte (Insel)
ikaga	wie		
Ikaga desu ka?	Wie geht es Ihnen?	*Honshū*	(größte der vier Hauptinseln Japans)
sore dewa	dann		
hajimemasu	(mit etwas) anfangen, beginnen	*mō hitotsu*	noch eine; eine weitere
-mashō	laßt uns ...	*Hokkaidō*	(nördlichste der vier Hauptinseln)
hajimemashō	lassen Sie/laßt uns anfangen	*Shikoku*	(kleinste der vier Hauptinseln)
Chūgoku	China		
kita	Norden	*Kyūshū*	(südlichste der vier Hauptinseln)
Chōsen	Korea		
Kita-Chōsen	Nordkorea	*samui*	kalt
Kankoku	Südkorea	*fuyu*	Winter
hō	Richtung	*natsu*	Sommer
kita no hō	nördl. Richtung	*mo ... mo*	sowohl ... als auch, und
kita no hō ni	in nördl. Richtung, im Norden		
Soren	Sowjetunion	*Doitsu*	Deutschland
nishi	Westen	*(to) onaji*	gleich (wie)
Nihon no nishi no hō ni	westlich von Japan	*kikō*	Klima
		yuki	Schnee
kuni	Land	*furimasu*	fallen
... to ... to	..., ... und	*yuki ga furi-masu*	es schneit
higashi	Osten		
Taiheiyō	Pazifischer Ozean	*Sapporo*	(größte Stadt auf *Hokkaidō*)
umi	Meer		
Nihonkai	Japanisches Meer	*matsuri*	Fest
minami	Süden	*yuki-matsuri*	Schneefest
takusan	große Menge, viel(e)	*yūmei*	berühmt, bekannt
shima	Insel	*hantō*	Halbinsel
shimaguni	Inselreich	*Chōsen hantō*	die koreanische Halbinsel
da	= *desu*		
(to) iimasu	sagen, (daß)	*Ajia*	Asien
Nihonjin	Japaner(in)	*Higashi-Ajia*	Ostasien
yoku	oft	*koko made*	bis hierher
ōki na	= *ōkii*	*Kyō wa koko made desu.*	Heute (arbeiten wir) bis hierher.

B. Beispielsätze mit Übersetzung

1. *Kyō wa samui desu ne.*
   Heute ist es kalt.

2. *Sore dewa, hajimemashō.*
   So, dann wollen wir beginnen.

3. *Katō-san no chizu.*
   Herrn *Katōs* Karte.

4. *Hokkaidō no chizu ga arimasu ka?*
   Haben Sie eine Karte von *Hokkaidō?*

5. *Kono Sapporo no chizu wa ikura desu ka?*
   Was kostet dieser Stadtplan von Sapporo?

6. *Kore wa Kyūshū de, kore wa Shikoku desu.*
   Dies ist *Kyūshū,* und dies ist *Shikoku.*

7. *Kita no hō ni Soren ga arimasu. Nishi no hō ni wa Chūgoku to Chōsen ga arimasu.*
   Im Norden liegt die Sowjetunion. Im Westen liegen China und Korea.

8. *Higashi no hō ni mo takusan no shima ga arimasu ka?*
   Gibt es auch im Osten viele Inseln?

9. *Nihon wa shimaguni desu.*
   Japan ist ein Inselreich.

10. *„Doitsu no fuyu wa samui" to Tanaka-san wa yoku iimasu.*
    Herr *Tanaka* sagt oft: „Der Winter in Deutschland ist kalt."

11. *Minami no hō ni ōki na shima ga arimasu. Sore wa nan to iimasu ka? – Kyūshū to iimasu.*
    Im Süden liegt eine große Insel. Wie heißt sie? – Sie heißt *Kyūshū.*

12. *Mō hitotsu onegai shimasu.*
    Geben Sie mir bitte noch eins.

13. *Nishi no hō ni futatsu no kuni ga arimasu. Hitotsu wa Chūgoku de, mō hitotsu wa Chōsen desu.*
    In westlicher Richtung liegen zwei Länder. Das eine ist China, das andere Korea.

14. *Hitotsu wa Soren de, ato no futatsu wa Chūgoku to Chōsen desu.*
    Das eine ist die Sowjetunion , die beiden anderen sind China und Korea.

15. *Hitori wa Nihonjin de, ato no sannin wa Chūgokujin desu.*
    Einer ist Japaner und die drei anderen sind Chinesen.

16. *Ato no futatsu wa onaji iro desu. Nedan mo onaji desu.*
    Die beiden anderen haben die gleiche Farbe. Sie sind auch im Preis gleich.

17. *Kono chizu wa zenbu onaji gurai no nedan desu.*
    Diese Karten kosten alle ungefähr das gleiche.
18. *Sapporo no yuki-matsuri wa Hokkaidō de ichiban yūmei na matsuri desu.*
    Das Schneefest in *Sapporo* ist das berühmteste Fest auf *Hokkaidō*.
19. *Ichiban yūmei na no wa Sapporo no yuki-matsuri desu.*
    Das berühmteste (*oder:* Am berühmtesten) ist das Schneefest in *Sapporo*.
20. *Koko ni yottsu no shima ga arimasu. Ichiban chiisai no wa nan to iimasu ka?*
    Hier liegen vier Inseln. Wie heißt die kleinste (von ihnen)?
21. *Nihon ni wa yottsu no ōki na shima ga arimasu. Ichiban minami ni aru no wa Kyūshū desu.*
    Japan hat vier große Inseln. Die südlichste davon ist *Kyūshū*.
22. *Nihon mo Chūgoku mo Higashi-Ajia ni arimasu.*
    Sowohl Japan als auch China liegen in Ostasien.

C. Grammatik

1. *desu, de* und *da*

Desu, de und *da* sind unterschiedliche Formen desselben Verbes. Während *de* stets zu einem weiteren Satz oder Satzteil überleitet (Fortsetzungsform, s. Beispiel b), sind *da* und *desu* satzabschließende Formen. *Desu* benutzt man in der höflichen Umgangssprache (es entspricht der ます-Form der anderen Verben, s. Beispiel a), *da* als höflichkeitsneutrale Form in der Schriftsprache, am Ende von Zitaten (s. Beispiel c) und in der Umgangssprache dann, wenn höfliche Formen nicht erforderlich sind (es entspricht somit der Wörterbuchform der anderen Verben). Steht am Ende eines Satzes oder Zitates ein Adjektiv, entfällt *da* (s. Beispiel d).

> a. *Nihon wa shimaguni desu.*
>   Japan **ist** ein Inselreich.
> b. *Nihon wa shimaguni de, Taiheiyō no nishigawa ni arimasu.*
>   Japan **ist** ein Inselreich. Es liegt an der Westseite des Pazifik.
> c. „*Nihon wa shimaguni da*" *to Nihonjin wa yoku iimasu.*
>   Die Japaner sagen oft: „Japan **ist** ein Inselreich."
> d. „*Doitsu no fuyu wa samui*" *to Tanaka-san wa yoku iimasu.*
>   Herr Tanaka sagt oft:„Der Winter in Deutschland **ist** kalt."

2. *wa* und *ga*

Die Subjektpartikel *ga* steht in der Regel anstelle der Themapartikel *wa*, wenn das Subjekt betont werden soll. Da auch die Abgrenzung bzw. Hervorhebung durch die Partikel *wa* manchmal als eine Art Betonung angesehen werden kann, ist die Wahl der korrekten Partikel häufig recht schwierig.

> *K o r e* **ga** *Honshū desu.*
> Dies hier ist *Honshū.*
>
> *H i g a s h i no hō ni* **wa** *Taiheiyō ga arimasu.* *
> Im O s t e n liegt der Pazifische Ozean.

* Kurz zuvor war erklärt worden, was im **Westen** liegt: Hier ist also das Wort „Osten" nicht als eine beliebige Himmelsrichtung zu verstehen, sondern als Gegensatz zu „Westen".

3. *ni (wa) aru* = haben

Nicht nur im Zusammenhang mit Personen (vgl. Lektion 6.C.2), sondern auch in anderen Fällen verwendet man *ni (wa) aru* in der Bedeutung von „haben".

> *Nihon* **ni wa** *ikutsu no ōki na shima ga* **arimasu** *ka?*
> Wieviele große Inseln **hat** Japan? (*Wörtl.* ... gibt es in Japan?)

4. Superlativ mit *ichiban*

Das Wort *ichiban* bedeutet „Nr.1" (*ichi* = 1, *ban* = Nummer). Vor einem Adjektiv oder adjektivisch verwendeten Wort stehend bildet es zusammen mit diesem den Superlativ.

> *Shikoku wa* ***ichiban chiisai*** *shima desu.*
> *Shikoku* ist die **kleinste** Insel.
>
> ***Ichiban ōkii*** *no wa Honshū desu.*
> Die **größte** ist *Honshū.*
>
> *Sono matsuri wa* ***ichiban yūmei*** *desu.*
> Das Fest ist **am berühmtesten.**
>
> *Sore wa* ***ichiban yūmei*** *na matsuri desu.*
> Das ist das **berühmteste** Fest.
>
> ***Ichiban yūmei*** *na no wa Sapporo no yuki-matsuri desu.*
> **Am berühmtesten** ist das Schneefest in *Sapporo.*

5. な nach おおき und ちいさ

Stehen die Adjektive おおきい und ちいさい vor einem Substantiv, läßt man häufig das Schluß-い weg und verbindet sie wie Quasi-Adjektive mit dem darauf folgenden Substantiv durch die Partikel な.

*Yottsu no **ōki na** shima ga arimasu.*	Es gibt vier große Inseln.
*Takusan no **chiisa na** shima.*	Viele kleine Inseln.

6. Gebrauch von *sore*

Ebenso wie *sono* und *soko* dient *sore* nicht nur zur Bezeichnung von Gegenständen in der Nähe des Hörers, sondern auch von kurz zuvor erwähnten Gegenständen und Sachverhalten. In diesem Sinne entspricht *sore* etwa dem Pronomen „es" im Deutschen.

***Sore** wa nan to iimasu ka?*	Wie heißt **es**?
***Sore** wa Nihonkai to iimasu.*	**Es** heißt *Nihonkai*.

7. Bezeichnung der Himmelsrichtungen mit の　ほう　に

Meistens verwendet man bei der Angabe der Himmelsrichtung den Zusatz の　ほう　に (= in Richtung). Damit wird angezeigt, daß sich der betreffende Ort oder Gegenstand nicht unbedingt genau in der bezeichneten Himmelsrichtung befindet.

minami no hō ni	im Süden, in südlicher Richtung, südlich
Kōbe no nishi ni	(genau) im Westen/westlich von *Kōbe*

8. Aufzählung mit と

Bei der Aufzählung von mehr als zwei Nomina werden anders als im Deutschen nicht nur die letzten beiden, sondern alle Nomina durch と miteinander verbunden.

Chūgoku to Kita-Chōsen to Kankoku.
China, Nord- und Südkorea.

9. Chōsen, Kankoku, Kita-Chōsen

Chōsen ist die in Japan übliche Bezeichnung für Korea. Gegenüber Südkoreanern sollte man diese Bezeichnung jedoch vermeiden, da diese sie als diskriminierend empfinden. *Kankoku* ist die Bezeichnung für Südkorea (von den Südkoreanern auch für das ganze Korea verwendet), *Kita-Chōsen* die Bezeichnung für Nord-Korea.

10. Nationalitätsbezeichnung mit -jin

Nationalitätsbezeichnungen setzen sich meistens aus dem Ländernamen und dem Suffix *-jin* (Mensch) zusammen.

Nihonjin	Japaner, Japanerin
Chōgokujin	Chinese, Chinesin
Chōsenjin	Koreaner, Koreanerin
Kankokujin	Südkoreaner, Südkoreanerin
Kita-Chōsenjin	Nordkoreaner, Nordkoreanerin
Roshiajin	Russe, Russin
Doitsujin	Deutscher, Deutsche
Amerikajin	Amerikaner, Amerikanerin

Analog zu den Nationalitätsbezeichnungen kann auch die Herkunft aus einem Kontinent oder einer Region durch Anfügen von *-jin* gekennzeichnet werden.

Ajiajin	Asiate, Asiatin
Higashi-Ajiajin	Ostasiate, Ostasiatin

Eine persönlichere Form der Nationalitätsbezeichnung ist durch die Verbindung des Ländernamens mit *no kata* möglich (siehe Text von Lektion 6, S. 82, 7. und 6. Zeile von unten).

Nihon no kata	Japaner, Japanerin
Amerika no kata	Amerikaner, Amerikanerin

D. Schriftlehre

Die ま - und や -Reihe der *Hiragana*

ま	み	む	め	も
ma	*mi*	*mu*	*me*	*mo*
や		ゆ		よ
ya		*yu*		*yo*

Anmerkung 1: Im Silbenzeichen も wird entgegen der Regel für sich kreuzende Striche (vgl. Lektion 3.C.2.2.c) zuerst der senkrechte Strich geschrieben.

Anmerkung 2: Die Silben *yi* und *ye* kommen im Japanischen nicht vor. Daher gibt es dafür auch keine Silbenschriftzeichen.

E. Übungen

1. Setzen Sie die richtigen Partikeln ein:

1. *Kore ..... Nihon ..... chizu desu.*
2. *Kita ..... hō ..... Soren ..... arimasu.*
3. *Nishi ... hō ..... donna kuni ..... arimasu .....? – Chūgoku .....* *Kita-Chōsen ..... Kankoku ..... arimasu.*
4. *Higashi ..... hō .... nani ..... arimasu ..... ?*
5. *Sore ..... nan ..... iimasu ..... ?*
6. *Minami ..... hō ..... takusan ..... shima ..... arimasu.*
7. *„Watakushi ..... mada gakusei da" ..... Satō-san ..... iimasu.*
8. *Yottsu ..... ōki ..... shima ..... arimasu.*
9. *Ichiban ōkii .... Honshū desu.*
10. *Mō hitotsu ..... Hokkaidō desu.*
11. *Ato ..... futatsu ..... Shikoku ..... Kyūshū desu.*

12. *Fuyu ..... natsu ..... Chōsen ..... onaji gurai ..... kikō desu.*
13. *Sapporo ..... yuki-matsuri ..... yūmei desu.*
14. *Nihon .... ikutsu ..... ōki ..... shima ..... arimasu ..... ?*
15. *Ichiban yūmei .... Sapporo ..... yuki-matsuri desu.*

2. **Verwenden Sie bei der Übersetzung die Partikel な :**

   Beispiel: Eine große Insel → *Ōki na shima.*

   1. Ein kleines Kind.
   2. Frisches Gemüse.
   3. Große Länder.
   4. Schöne Erdbeeren.
   5. Ein berühmter Musiker.

3. **Verwenden Sie bei der Übersetzung die Partikel と :**

   Beispiel: China, Nord- und Südkorea
                 → *Chūgoku to Kita-Chōsen to Kankoku.*

   1. *Hokkaidō, Honshū* und *Shikoku.*
   2. Japaner, Chinesen und Russen.
   3. Männer, Frauen und Kinder.
   4. Äpfel, Birnen und Mandarinen.
   5. Schreibtische, Stühle und Aktentaschen.

4. **Verwenden Sie bei der Übersetzung *sore*:**

   Beispiel: Es heißt *Nihonkai* → *Sore wa Nihonkai to iimasu.*

   1. Wie heißt es?
   2. Es heißt Pazifischer Ozean.
   3. Das sind leckere Erdbeeren.
   4. Wo ist es?
   5. Das ist teuer.

5. **Verwenden Sie bei der Übersetzung *ichiban*:**

   Beispiel: Die größte Insel → *Ichiban ōkii shima.*

   1. Die wärmste Insel.
   2. Diese Insel ist am wärmsten.
   3. Dies ist die wärmste.
   4. Frau *Kikuchi* sagt: „Diese Insel ist am wärmsten."
   5. *Kyūshū* ist die wärmste Insel.
   6. Die wärmste Insel ist *Kyūshū.*

7. Welche ist am wärmsten? – Diese ist am wärmsten.
8. Dieser Fisch ist am frischesten.
9. Dies ist der frischeste Fisch.
10. Dies ist der frischeste.
11. Der frischeste ist dieser.
12. Welche sind am besten?
13. Welches mögen Sie am liebsten?

6. Verwenden Sie bei der Übersetzung *ni wa ..... arimasu/arimasen* **bzw.** *imasu/imasen:*

Beispiel: Japan hat viele große Inseln.
→ *Nihon ni wa takusan no ōki na shima ga arimasu.*

1. Das Klassenzimmer hat vier Fenster.
2. Das Japanische Meer hat (= Im Japanischen Meer gibt es) viele Fische.
3. Diese kleine Insel hat (= Auf dieser kleinen Insel gibt es) keine Bäume.
4. In *Sapporo* gibt es ein berühmtes Schneefest.
5. Frau *Aoki* hat keine Kinder.
6. Hier gibt es keine Stadtpläne.
7. Der Fleischer hat (= Im Fleischerladen gibt es) keinen Käse.
8. Auf der Halbinsel gibt es ein berühmtes Hotel.

7. Antworten Sie:

1. *Watakushi no chizu wa doko desu ka?* (auf dem Tisch)
2. *Sapporo no chizu ga arimasu ka?* (ja)
3. *Nihon no nishi no hō ni wa donna kuni ga arimasu ka?*
4. *Nihon no higashi no hō ni wa nani ga arimasu ka?*
5. *Nihon no nishi no hō ni mo umi ga arimasu ka?*
6. *Sono umi wa nan to iimasu ka?*
7. *Nihon wa shimaguni desu ka?*
8. *Nihon ni wa ikutsu no ōki na shima ga arimasu ka?*
9. *Ichiban ōki na shima wa nan to iimasu ka?*
10. *Dore ga ichiban ōki na shima desu ka?*
11. *Ichiban chiisa na shima wa dore desu ka?*
12. *Honshū wa ichiban chiisai shima desu ka?*
13. *Hokkaidō wa ichiban atatakai shima desu ka?*
14. *Doitsu no fuyu wa atatakai desu ka, samui desu ka?*
15. *Hokkaidō no fuyu mo natsu mo atatakai desu ka?*
16. *Chūgoku wa doko ni arimasu ka?*

8. Bilden Sie passende Fragen zu folgenden Antworten:

1. *Chūgoku to Kita-Chōsen to Kankoku ga arimasu.*
2. *Sore wa Nihonkai to iimasu.*
3. *Higashi no hō ni wa Taiheiyō ga arimasu.*
4. *Ē, nishi no hō ni mo umi ga arimasu.*
5. *Yottsu arimasu.*
6. *Ichiban ōkii no wa Honshū desu.*
7. *Ē, ichiban chiisai desu.*
8. *Hai, onaji desu.*
9. *Kyūshū desu.*
10. *Hai, yūmei desu.*
11. *Chōsen hantō desu.*
12. *Higashi-Ajia ni arimasu.*

9. Übersetzen Sie:

1. Heute ist es kalt, finden Sie nicht auch?
2. Im Klassenzimmer hängt (*wörtl.* ist) eine Karte von Japan.
3. Wo ist der Stadtplan von *Sapporo*? – Auf dem Tisch.
4. Haben Sie (*wörtl.* gibt es) eine Karte von China?
5. Die Karte von Deutschland hängt (*wörtl.* ist) an der Wand.
6. Gehört diese Karte Herrn *Tanaka*? – Nein, es ist meine.
7. Ist dies Ihr Stadtplan? – Nein, er gehört mir nicht.
8. Dies ist die Sowjetunion, und dies ist China.
9. Welche Inseln liegen im Süden? – *Shikoku* und *Kyūshū*.
10. Was liegt westlich von Japan? – Im Westen liegt das Japanische Meer.
11. Auch im Osten gibt es ein Meer. Wie heißt es? – Es heißt Pazifischer Ozean.
12. Viele Japaner sagen: „Japan ist ein Inselreich."
13. Herr *Tanaka* sagt:„Ich bin noch Student."
14. Im Norden gibt es eine große Insel. Sie heißt *Hokkaidō*.
15. Im Süden gibt es viele kleine Inseln.
16. Aus wievielen großen Inseln besteht Japan? (*Wörtl.* Wieviele große Inseln gibt es in Japan?)
17. Westlich von Japan gibt es vier Länder. Das größte ist die Sowjetunion. Ein weiteres ist China. Die anderen beiden sind Nord- und Südkorea.
18. Die Sowjetunion und China sind große Länder.
19. Haben Sie (*wörtl.* gibt es) ein kleines Wörterbuch? – Dies ist das kleinste.
20. Die wärmste Insel ist *Kyūshū*, die kälteste *Hokkaidō*.

21. Sowohl Nord- als auch Südkorea sind kleine Länder.
22. Wie ist das Klima auf (*wörtl.* von) *Hokkaidō?* – Etwa (gleich) wie in Deutschland.
23. Die Sommer auf *Hokkaidō* sind warm.
24. Schneit es im Winter auf *Hokkaidō* viel? – Ja, viel.
25. Die *Ginza* ist berühmt.
26. Wie heißt diese Stadt? – *Sapporo.*
27. Japan besteht aus vier großen Inseln. Die kleinste heißt *Shikoku.* Eine weitere heißt (*Wörtl.* ist) *Kyūshū.* Wie heißen die beiden anderen? – Die eine heißt *Honshū,* die andere *Hokkaidō.*
28. Wo liegt die koreanische Halbinsel? – In Ostasien.
29. Herr *Katō* ist Japaner. Ist Herr Schmidt auch Japaner? – Nein, Herr Schmidt ist nicht Japaner. Er ist Deutscher.
30. Zwei Chinesinnen und drei Koreanerinnen.

10. Schreibübung (einzelne Silben)

Schreiben Sie die Silben der ま- und や-Reihe in die entsprechenden Felder von Übungsbuch 1.

11. Schreibübung (Silben mit langem Vokal)

Schreiben Sie folgende Silben der ま und や-Reihe in *Hiragana* auf Papier mit quadratischen Feldern:

mā, mii, mū, mei, mō, yā, yū, yō.

12. Schreibübung (Wörter und Namen)

Schreiben Sie folgende Wörter und Namen aus den Lektionen 1 bis 7 in *Hiragana* auf Papier mit quadratischen Feldern:

namae, fuyu, mono, mina, shima, yaoya, shimasu, ikutsume, nani mo, mō, futatsume, totemo, Aoyama, michi, to iimasu, samui, yuki, yo, tatemono, mise, Tama, umi, yasui, itsutsume, imasu, minami, mo, yūmei, Taiheiyō, Akasaka-Mitsuke.

13. Schreibübung (Wortgruppen)

Schreiben Sie folgende Wortgruppen aus den Lektionen 1 bis 7 in *Hiragana* auf Papier mit quadratischen Feldern:

anata no onamae, chiisa na shima, ōki na tatemono, samui fuyu, seito no namae, itsutsume no eki, fuyu mo natsu mo, Tama to iu neko, minami no hō ni, yaoya to nikuya to sakanaya, totemo yasui mono, mō hitotsu no shima, mise no mae ni, yasui yasai to kome.

14. Lese-, Übersetzungs- und Transkriptionsübung

Lesen und übersetzen Sie folgende Wortgruppen; schreiben Sie sie in Lateinschrift:

たまというなまえ　あかさかみ

つけはふたつめのえき　さむい

ふゆ　おおきなたてもの　みな

みのほうには　とてもやすいも

の　もうひとつのちいさなしま

ふゆもなつも　やおやとにくや

たいへいようという　うみ　あな

たのおなまえ　あのおおきなみ

せのまえに　いぬもねこもいま

す　あのみちのちかくに

15. Übung der あいうえお-Ordnung

Schreiben Sie die Wörter und Namen aus Abschnitt 12 in *Hiragana* in あいうえお-Reihenfolge.

Dai-8-ka

Nihon no chizu (2)

Sensei: Dewa, hajimemashō. Ii desu ka? Kyō mo mata „Nihon no chizu" o tsuzukemashō. Sā, mazu chizu o mimashō. Koko wa Tōkyō desu. Tōkyō
wa Nihon no ichiban ōkii toshi de, Nihon no shuto desu. Kono sugu minami no hō ni mō hitotsu Yokohama to iu daitoshi ga arimasu. Koko ni
mittsu no daitoshi ga arimasu: Kyōto to Ōsaka to Kōbe desu. Tōkyō to
Kyōto no aida ni Nagoya ga arimasu.
Nihon no ichiban takai yama wa nan to iimasu ka?

Seito: Fujiyama to iimasu.

Sensei: Chotto chigaimasu. Fujiyama to iu no wa gaikokujin no yobikata de, Nihonjin wa kono yama o Fuji-san to yobimasu. Fuji-san wa Tōkyō kara
chikai desu. Ōsaka wa Tōkyō kara chikai desu ka, tōi desu ka?

Seito: Tōi desu.

Sensei: Sō desu ne. Nagasaki wa doko ni arimasu ka?

Seito: Kyūshū ni arimasu.

Sensei: Hai, sō desu. Dewa, Hiroshima wa?

Seito: Hiroshima wa Kōbe no nishi ni arimasu.

Sensei: Tōkyō to Ōsaka to dochira ga ōkii desu ka?

Seito: Tōkyō no hō ga ōkii desu.

Sensei: Tōkyō to Pekin de wa dochira ga ōkii desu ka?

Seito: Tōkyō no hō ga ōkii desu.

Sensei: Tōkyō to Kyōto wa dochira no hō ga furui desu ka?

Seito: Tōkyō yori Kyōto no hō ga zutto furui desu.

Sensei: Sō desu ne. Nihon de Tōkyō yori ōkii toshi ga arimasu ka?

Seito: Iie, arimasen.

Sensei: Kyōto to Ōsaka to Kōbe no uchi de dore ga ichiban furui desu ka?

Seito: Kyōto ga ichiban furui desu.

Sensei: Tōkyō to Pekin to Souru no naka de dore ga ichiban atarashii shuto
desu ka?

Seito: Tōkyō ga ichiban atarashii shuto desu.

Sensei: Hokkaidō to Shikoku to Kyūshū de wa dore ga ichiban minami ni arimasu ka?

Seito: Kyūshū ga ichiban minami ni arimasu.

Sensei: Kono mittsu no naka de dore ga ichiban atatakai desu ka?

Seito: Kyūshū ga ichiban atatakai desu.

Kotowaza

Hana yori dango.

A. Vokabeln 🔘

Ii desu ka?	Sind Sie soweit? Können wir anfangen? (*wörtl.* Ist es gut?)		was zu tun)
		yobikata	Rufweise, Benennung
mo mata	auch (wieder)	*-san*	Berg
tsuzukemasu	(etwas) fortsetzen, fortfahren (mit)	*Fuji-san*	der Berg *Fuji*
		Nagasaki	(Großstadt)
sā	also, nun, dann	*Hiroshima*	(Großstadt)
toshi	Stadt	*dochira*	welcher/welches (von zweien)
shuto	Hauptstadt		
Yokohama	(Großstadt)	*dochira ga ōkii*	welches (von zwei-
daitoshi	Großstadt	*desu ka*	en) ist größer
Kyōto	(Großstadt)	*(no) hō (ga)*	(bei Komparativ)
Kōbe	(Großstadt)	*Tōkyō no hō ga*	*Tōkyō* ist größer
(no) aida (ni)	zwischen	*ōkii desu*	
Nagoya	(Großstadt)	*Pekin*	Peking, Beijing
yama	Berg, Gebirge	*de (wa)*	(*hier:*) von
Fujiyama	(*falsche Lesung für „Fuji-san'*)	*yori*	als
		Tōkyō yori furui	älter als *Tōkyō*
chigaimasu	anders/verschieden/ unterschiedlich sein, (*hier:*) falsch	*zutto*	bei weitem, weitaus
		no uchi de	von, unter
		Souru	Seoul
chotto chigai-masu	= *chigaimasu* (*klingt weniger hart als „chigaimasu'* al- leine; *etwa:*) nicht ganz richtig	*no naka de*	von, unter
		ichiban minami ni	am weitesten südlich
		kono mittsu	diese drei
		kotowaza	Sprichwort
gaikoku	Ausland	*hana*	Blume
gaikokujin	Ausländer	*dango*	(Reis-) Kloß
(o ... to) yobi-masu	(etwas) rufen, nen- nen	*Hana yori dango.*	Lieber Klöße als Blumen. (*Vgl.* Liebe geht durch den Magen.)
-kata	Art und Weise (et-		

B. Beispielsätze　　　　　🔘🔘

1. *Sā, mazu dai-7-ka o fukushū shimashō.*
   Also, zunächst wollen wir Lektion 7 wiederholen.

2. *Nihon no chizu o mimashō.*
   Lassen Sie uns die Karte von Japan betrachten.

3. *Tōkyō to Nagoya no aida ni Fuji-san ga arimasu.*
   Zwischen *Tōkyō* und *Nagoya* liegt der (Berg) *Fuji*.

4. *Tōkyō to Ōsaka to Kyōto wa daitoshi desu.*
   Tōkyō, *Ōsaka* und *Kyōto* sind Großstädte.

5. *Souru wa Kankoku no ichiban ōkii toshi de, Kankoku no shuto desu.*
   Seoul ist die größte Stadt Südkoreas. Es ist die Hauptstadt von Südkorea.

6. „Japan" *to iu no wa gaikokujin no yobikata de, Nihonjin wa ‚Nihon' to iimasu. ‚Nippon' to mo iimasu.*
   „Japan" lautet die Benennung (*wörtl.* Rufweise) durch Ausländer. Die Japaner sagen ‚*Nihon'*. Sie sagen auch ‚*Nippon'*.

7. „Yen" *to iu no wa gaikokujin no yobikata de, Nihonjin wa ‚en' to iimasu.*
   „Yen" ist die Bezeichnung durch Ausländer. Die Japaner sagen ‚*en'*.

8. *Nihonjin gonin to gaikokujin yonin.*
   Fünf Japaner und vier Ausländer.

9. *Roku wa hachi yori chiisai desu.*
   Sechs ist kleiner als acht.

10. *Kono akai ringo to kono midoriiro no ringo to dochira ga yasui desu ka? – Sono midoriiro no ringo no hō ga yasui desu.*
    Sind die roten oder die grünen Äpfel hier billiger? – Die grünen Äpfel da sind billiger.

11. *Kono atsui jisho to usui jisho wa dochira ga Satō-san no desu ka? – Sono atsui hō ga watakushi no desu.*
    Welches von den beiden Wörterbüchern gehört Ihnen, Herr *Satō*? Dieses dicke oder dieses dünne? – Das dicke da ist meins.

12. *Nihon to Doitsu to dochira ga minami ni arimasu ka? – Nihon ga Doitsu yori minami ni arimasu.*
    Was liegt südlicher, Japan oder Deutschland? – Japan liegt weiter südlich als Deutschland.

13. *Souru to Pekin wa dochira ga furui shuto desu ka? – Souru yori Pekin no hō ga furui shuto desu.*
    Welches von beiden ist die ältere Hauptstadt: Seoul oder Peking? – Peking ist die ältere Hauptstadt.

14. *Aoki-san to Kinoshita-san to dochira ga kyōshi desu ka?* – *Kinoshita-san (no hō) ga kyōshi desu.*
    Wer von den beiden ist Lehrerin, Frau *Kinoshita* oder Frau *Aoki*? – Frau *Kinoshita*.

15. *Ano futari no uchi de dochira ga Itō-san no tomodachi desu ka?* – *Aoki-san ga Itō-san no tomodachi desu.*
    Wer von den beiden ist mit Frau *Itō* befreundet? – Frau *Aoki* ist mit Frau *Itō* befreundet.

16. *Ano sannin no naka de dare ga anata no sensei desu ka?* – *Ano Nihon no kata desu.*
    Wer von den dreien ist Ihre Lehrerin? – Die Japanerin dort.

17. *Banana to mikan to ichigo de wa dore ga ichiban suki desu ka?* – *Ichigo ga ichiban suki desu.*
    Was mögen Sie am liebsten: Bananen, Mandarinen oder Erdbeeren? – Am liebsten Erdbeeren.

18. *Kyōto to Nagoya to Tōkyō no naka de dore ga ichiban higashi ni arimasu ka?* – *Tōkyō ga ichiban higashi ni arimasu.*
    Welche von den drei Städten *Kyōto*, *Nagoya* und *Tōkyō* liegt am weitesten östlich? – *Tōkyō* liegt am weitesten östlich.

19. Goethe *to* Schiller *to* Heine *no naka de dare ga ichiban yūmei desu ka?* – Goethe *ga ichiban yūmei desu.*
    Wer ist am berühmtesten (von den dreien): Goethe, Schiller oder Heine? – Goethe ist am berühmtesten.

C. Grammatik

1. *dochira* beim Vergleich zweier Dinge oder Personen

Bei einem Vergleich zweier Dinge oder Personen verwendet man als Fragewort *dochira*. Die beiden zu vergleichenden Nomina werden dabei durch *to* verbunden, auf das zweite Nomen folgen die Partikeln *to*, *wa* oder *de wa*. Dochira wird gelegentlich mit *no hō* verwendet. Somit sind folgende Satzmuster möglich (mit *ōkii*):

> a) *A to B to dochira (no hō) ga ōkii desu ka?*
> b) *A to B wa dochira (no hō) ga ōkii desu ka?*
> c) *A to B de wa dochira (no hō) ga ōkii desu ka?*

In Satz c ist der Vergleich zwischen A und B durch die abgrenzende Funktion der zusätzlich zu *de* verwendeten Partikel *wa* etwas betont bzw. abgehoben von einem anderen möglicherweise kurz zuvor angestellten Vergleich. Normalerweise wird man mit den Satzmustern a und b auskommen.

Tōkyō to Ōsaka to dochira ga ōkii desu ka?
Was ist größer, *Tōkyō* oder *Ōsaka?*

Tōkyō to Kyōto wa dochira no hō ga furui desu ka?
Welche von beiden Städten ist älter, *Tōkyō* oder *Kyōto?*

Tōkyō to Pekin de wa dochira ga ōkii desu ka?
Was ist größer, *Tōkyō* oder Peking?

Mögliche Antworten auf den oben aufgeführten Typ von Fragen werden im folgenden Abschnitt behandelt.

2. *(no) hō (ga)* und *yori* bei Vergleichen

Wie wir gesehen haben, kann man im Japanischen mit *motto* (Lektion 5) und *ichiban* (Lektion 7) Formen bilden, die dem Komparativ und dem Superlativ im Deutschen entsprechen.

Bei einem Vergleich zwischen zwei Dingen oder Personen benutzt man häufig eine weitere Form des Komparativs mit *(no) hō (ga)* und/oder *yori*. Dabei können folgende Satzmuster vorkommen (hier mit *ōkii*):

---

a) *A no hō ga ōkii desu.*   A ist größer.

b) *A wa B yori ōkii desu.*   ⎤
c) *A no hō ga B yori ōkii desu.*   ⎬ A ist größer als B.
d) *B yori A no hō ga ōkii desu.*   ⎦

Die angeführten Satzmuster stellen oft die Antwort auf eine Frage mit *dochira* (s. Abschnitt 1) dar.

Tōkyō no hō ga ōkii desu.   *Tōkyō* ist größer.
Shikoku wa Kyūshū yori chiisai desu.   *Shikoku* ist kleiner als *Kyūshū.*
Kyōto no hō ga Tōkyō yori furui desu. *Kyōto* ist älter als *Tōkyō.*
Tōkyō yori Kyōto no hō ga furui desu. *Kyōto* ist älter als *Tōkyō.*

---

3. Vergleich von drei oder mehr Dingen

Vergleicht man drei oder mehr Dinge miteinander, verbindet man bei einer Aufzählung die entsprechenden Nomina mit *to* und fügt an das letzte *no uchi de, no naka de* (*wörtl.* von/unter diesen) oder *de wa* an.

> *Kyōto to Ōsaka to Kōbe no uchi de dore ga ichiban furui desu ka?*
> Welche von den drei Städten ist am ältesten, *Kyōto*, *Ōsaka* oder *Kōbe*?
>
> *Tōkyō to Pekin to Souru no naka de dore ga ichiban atarashii shuto desu ka?*
> Welche (von den dreien) ist die neueste Hauptstadt: *Tōkyō*, Peking oder Seoul?
>
> *Hokkaidō to Shikoku to Kyūshū de wa dore ga ichiban minami ni arimasu ka?*
> Welche (von den drei Inseln) liegt am weitesten südlich, *Hokkaidō*, *Shikoku* oder *Kyūshū*?
>
> *Kono mittsu no naka de dore ga ichiban atatakai desu ka?*
> Welche von diesen dreien ist am wärmsten?

In der Antwort zu dieser Art von Fragen wird jeweils der Superlativ mit *ichiban* verwendet (vgl. Lektion 7.C.4).

4. Vergleich zwischen drei oder mehr Personen

Bei einem Vergleich zwischen drei oder mehr Personen verwendet man das Fragewort *dare*. Im übrigen gelten die Regeln im obigen Abschnitt 3 sinngemäß auch für Personen.

> Goethe *to* Schiller *to* Heine *no naka de dare ga ichiban yūmei desu ka?* – Goethe *ga ichiban yūmei desu.*
> Wer ist am berühmtesten, Goethe, Schiller oder Heine? – Goethe ist am berühmtesten.

5. *-mashō*

Schlägt man jemandem vor, etwas gemeinsam zu tun, drückt man dies meistens aus, indem man anstelle von *-masu* die Form *-mashō* einsetzt. Diese ist entsprechend mit „laßt uns", „wir wollen" oder ähnlich zu übersetzen.

> *Sore dewa, hajime**mashō**.*
> Nun, dann **wollen wir** anfangen.
>
> *Kyō mata „Nihon no chizu" o tsuzuke**mashō**.*
> Heute **wollen wir** (wieder) mit „Nihon no chizu" weitermachen.
>
> *Sā, mazu chizu o mi**mashō**.*
> So, nun **lassen Sie uns** zunächst die Karte betrachten.

6. と   いう bei inhaltlicher Erläuterung

と   いう (= heißend) dient als Bindeglied zwischen einem Nomen (besonders häufig: Eigennamen) und einer unmittelbar folgenden inhaltlichen Erläuterung oder Spezifizierung.

> *New Ōtani **to iu** hoteru.*
> Das Hotel New Ōtani.
>
> *Yokohama **to iu** daitoshi.*
> Die Großstadt *Yokohama*.
>
> *Fujiyama **to iu** no wa gaikokujin no yobikata desu.*
> „Fujiyama" ist die Bezeichnung durch Ausländer.

In Fragesätzen kann das Nomen durch das Fragewort なん ersetzt werden.

> *Nan **to iu** namae desu ka?*   Wie ist sein Name? Wie heißt er?
> *Kore wa nan **to iu** hantō desu ka?*   Wie heißt diese Halbinsel?

7. Sprichwort *Hana yori dango*

Sprichwörter zeichnen sich auch im Japanischen durch Prägnanz und Anschaulichkeit aus: sowohl bei *Hana yori dango* als auch bei der deutschen Übersetzung „Lieber Klöße als Blumen" fehlen Prädikat und Subjekt, da sie für das Verständnis nicht notwendig sind. (Im Deutschen wäre eine Ergänzung wie „Ich mag ..." notwendig, um einen grammatisch vollständigen Satz zu erhalten.) Die in dem Sprichwort ausgedrückte Vorliebe für das Materielle gegenüber dem Ideellen findet man, wenn auch in einem anderen Zusammenhang, in dem deutschen Sprichwort „Liebe geht durch den Magen" wieder.

D. Schriftlehre

1. Die ら und わ-Reihe der Hiragana und die Silbe ん

ら *ra*	り *ri*	る *ru*	れ *re*	ろ *ro*
わ *wa*				を *o*
				ん *n*

Anmerkung:

Die Silben *wi*, *wu* und *we* kommen im heutigen Japanisch nicht vor. Die entsprechenden Felder in der 50-Laute-Tafel sind daher freigelassen. Das Silbenzeichen わ verwendet man nicht für die ebenfalls *wa* gelesene, aber mit dem Silbenzeichen は geschriebene Thema-Partikel.

Das Silbenzeichen を, früher *wo* gesprochen, wird ausschließlich zur Wiedergabe der Partikel *o* verwendet. Das gleichlautende Silbenzeichen お aus der あ-Reihe hingegen kommt nur als Bestandteil eines Wortes vor.

2. Die vollständige 50-Laute-Tafel

Mit den Zeichen in Abschnitt 1 sind nunmehr alle 46 heute gebräuchlichen, in der 50-Laute-Tafel erfaßten *Hiragana*-Silbenschriftzeichen vorgestellt. Die in der Zusatztafel zur 50-Laute-Tafel enthaltenen Silben (s. Lektion 2.C.1) und ihre Darstellung mit Hilfe von diakritischen Zeichen und in kleinerem Schriftgrad gehaltenen *Hiragana* aus der Haupttafel werden in den Lektionen 9 bis 11 behandelt.

Anmerkung zur japanischen Bezeichnung der Reihen und Stufen der 50-Laute-Tafel: Im Japanischen bezeichnet man die Reihen als *gyō* (also あ-*gyō*, か-*gyō* usw.), die Stufen als *dan* (also あ-*dan*, い-*dan* usw.). Ab dieser Lektion werden die japanischen Bezeichnungen verwendet.

a. Waagerechte Anordnung der Reihen
   (in Texten mit waagerechter Zeilenanordnung)

あ	い	う	え	お
か	き	く	け	こ
さ	し	す	せ	そ
た	ち	つ	て	と
な	に	ぬ	ね	の
は	ひ	ふ	へ	ほ
ま	み	む	め	も
や		ゆ		よ
ら	り	る	れ	ろ
わ				を
ん				

b. Senkrechte Anordnung der Reihen
   (in Texten mit senkrechter Zeilenanordnung)

ん	わ	ら	や	ま	は	な	た	さ	か	あ
		り		み	ひ	に	ち	し	き	い
		る	ゆ	む	ふ	ぬ	つ	す	く	う
		れ		め	へ	ね	て	せ	け	え
	を	ろ	よ	も	ほ	の	と	そ	こ	お

E. Übungen

1. Setzen Sie die richtigen Partikeln (in _Hiragana_) ein:

1. _Mazu chizu ..... mimashō._
2. _Nihon ..... ichiban takai yama ..... nan ..... iimasu ..... ?_
3. _Nihonjin ..... sono yama ..... Fuji-san ..... yobimasu._
4. _Tōkyō ..... Nihon ..... shuto desu._
5. _Tōkyō ..... minami ..... hō ..... Yokohama ..... iu daitoshi ..... arimasu._
6. _Tōkyō ..... Kyōto ..... aida ..... Nagoya ..... arimasu._
7. _Nagasaki ..... doko ..... arimasu ..... ?_
8. _Kyōto ..... Ōsaka ..... dochira ..... ōkii desu ..... ?_
9. _Ōsaka ..... hō ..... ōkii desu._
10. _Ōsaka ..... Kyōto ..... dochira ..... hō ..... ōkii desu ..... ?_
11. _Tōkyō ..... Souru ..... Pekin ..... uchi ..... dore ..... ichiban furui desu ..... ?_
12. _Honshū ..... Shikoku ..... Kyūshū .... dore ..... ichiban minami ..... arimasu ..... ?_

2. Bilden Sie Fragen mit _dochira_:

> Beispiel: _Jagaimo to kome / yasui_ → _Jagaimo to kome to dochira ga yasui desu ka?_

1. _Kono enpitsu to sono bōru-pen | nagai_
2. _Suika to ichigo | suki_
3. _Furui ie to atarashii ie / suki_
4. _Aoki-san to Kinoshita-san / Müller-san no sensei_
5. _Uchi no shigoto to jimusho no shigoto / suki_
6. _Sono atsui hon to usui hon / ii_
7. _Eki made wa kono michi to ano michi / chikai_
8. _Chikatetsu no eki to basu no teiryūjo / tōi_
9. _Kono chairo no kaban to kuroi kaban / kirei_
10. _Kono jisho to sono jisho / anata no_
11. _Kono atarashii chizu to furui chizu / anata no_

3. Bilden Sie Fragen mit _dochira_:

> Beispiel: _ōkii_ → _Shikoku to Kyūshū to dochira ga ōkii desu ka?_

1. _shinsen_   2. _Tōkyō kara chikai_   3. _ii_   4. _suki_
5. _kirei_   6. _oishii_   7. _koko kara tōi_
8. _Tanaka-san no kyōkasho_   9. _anata no sensei_

4. **Bilden Sie Fragen mit** *dore*:

> Beispiel: *nashi, ringo, kaki* → *Nashi to ringo to kaki no uchi de dore*
> *ga ichiban suki desu ka?*

1. *Tōkyō, Yokohama, Nagoya*   2. *ginkō, yūbinkyoku, eki*
3. *Kyūshū, Shikoku, Honshū*   4. *Pekin, Souru, Tōkyō*
5. *akai hon, kiiro no hon, midoriiro no hon*

5. **Antworten Sie:**

1. *Anata wa umi to yama to dochira ga suki desu ka?*
2. *Kono jisho to Tanaka-san no jisho wa dochira ga ii desu ka?*
3. *Hokkaidō no fuyu to Doitsu no fuyu to dochira ga samui desu ka?*
4. *Kinoshita-san, kyō wa sōsēji to hamu to dochira ga ii desu ka?*
5. *Hokkaidō to Kyūshū to dochira no hō ga ōkii desu ka?*
6. *Sapporo to Kyōto wa dochira no hō ga Tōkyō kara chikai desu ka?*
7. *Nihon no hon to Doitsu no hon to dochira ga yasui desu ka?*
8. *Kono chairo no nōto to kiiro no nōto to dochira ga Katō-san no desu ka?*
9. *Itō-san to Satō-san to dochira ga Nihongo no sensei desu ka?*
10. *Kinoshita-san to Aoki-san to Tanaka-san no uchi de dare ga hisho desu ka?*
11. *Akiko to Keiko to Akira no uchi de dare ga ichiban chiisai desu ka?*
12. *Nihon to Chūgoku to Soren no naka de dore ga ichiban ōkii desu ka?*
13. *Kyōto to Hiroshima to Nagasaki no naka de dore ga ichiban minami ni arimasu ka?*

6. **Bilden Sie passende Fragen zu folgenden Antworten:**

1. *Hai, sugu minami no hō ni arimasu.*
2. *Ē, Fuji-san mo Tōkyō kara chikai desu.*
3. *Fuji-san to iimasu.*
4. *Chikai desu.*
5. *Iie, tōku arimasen.*
6. *Nagoya no nishi ni arimasu.*
7. *Hokkaidō ni arimasu.*
8. *Ōsaka no hō ga ōkii desu.*
9. *Umi no hō ga suki desu.*
10. *Kono jisho no hō ga ii desu.*
11. *Kōbe no hō ga Tōkyō kara chikai desu.*
12. *Kono chairo no kaban no hō ga Katō-san no desu.*
13. *Satō-san no hō ga sensei desu.*
14. *Tōkyō yori furui desu.*
15. *Honshū ga ichiban ōkii desu.*
16. *Sapporo ga ichiban kita ni arimasu.*

7. Übersetzen Sie:

1. Lassen Sie uns zunächst die Karte von Japan ansehen.
2. Dies hier ist Japan.
3. Dies ist der *Fuji*(-Berg).
4. Der *Fuji* ist der höchste Berg in Japan und liegt in der Nähe von *Tōkyō*.
5. Wie heißt der höchste Berg in Deutschland? – Zugspitze.
6. Wie heißt die größte Stadt in Südkorea? – Seoul.
7. Ist *Yokohama* eine Großstadt? – Ja.
8. Hier liegen (die Länder) Korea, China und Sowjetunion.
9. Die Großstadt *Nagoya* liegt zwischen *Tōkyō* und *Kyōto*.
10. Wo   liegt *Hiroshima*? – Westlich   von *Kōbe*. – Und *Nagasaki*? – Auf *Kyūshū*.
11. Zwei Ausländer.
12. Sind die drei Chinesen hier? – Ja, dort drüben.
13. Sind hier Deutsche anwesend? – Ja, vier.

14. Die größte Insel Japans.
15. Der höchste Berg in Japan.
16. Die größte Stadt auf *Hokkaidō*.
17. Die größte Karte von *Hokkaidō*.
18. Die Benennung durch Ausländer.

19. Zwischen *Tōkyō* und *Kyōto*.
20. Zwischen *Honshū* und *Kyūshū*.
21. Zwischen Japan und China.
22. Zwischen *Ginza* und *Aoyama 1-chōme*.
23. Zwischen dem Bahnhof und der Schule.

24. Der *Fuji* ist ein Berg.
25. Der *Fuji* ist ein hoher Berg.
26. Der *Fuji* ist ein ziemlich hoher Berg.
27. Der *Fuji* ist höher.
28. Der *Fuji* ist höher als die Zugspitze.
29. Ist der *Fuji* viel höher als die Zugspitze?
30. Der *Fuji* ist am höchsten.
31. Am höchsten ist der *Fuji*.
32. Der *Fuji* ist der höchste Berg.
33. Der *Fuji* ist der höchste Berg in Japan.
34. Der *Fuji* ist der höchste Berg in Japan. Er liegt in der Nähe von *Tōkyō*.

35. Was schmeckt besser, Käse oder Wurst?
36. Was ist teurer, Reis oder Kartoffeln?
37. Was ist billiger, Äpfel oder Birnen? – Äpfel sind billiger.
38. Was ist größer, *Shikoku* oder *Kyūshū*? – *Kyūshū* ist größer.

39. Was mögen Sie lieber, Butter oder Margarine? – Butter schmeckt besser.
40. Dieses Lehrbuch ist dicker als das Wörterbuch.
41. Ich mag lieber Schokolade.
42. Ich mag es lieber als Brot.
43. Wer ist berühmter, Goethe oder Schiller? – Goethe.
44. Wer ist am berühmtesten: Goethe, Schiller oder Heine? – Goethe.
45. Welches ist die älteste Hauptstadt: *Tōkyō*, Seoul oder Peking? – Peking.
46. Was mögen Sie am liebsten: Erdbeeren, Mandarinen oder Wassermelonen? – Am liebsten mag ich Erdbeeren.
47. Was liegt am weitesten südlich: *Tōkyō*, *Kyōto* oder *Nagasaki*? – *Nagasaki*.
48. Lassen Sie uns beginnen.
49. Lassen Sie uns weitermachen.
50. Lassen Sie uns (hin)gehen.
51. Wir wollen jetzt zurückkehren.
52. Wir wollen jetzt essen.

8. Schreibübung (einzelne Silben)

Schreiben Sie die Silben der ら und わ-Reihe sowie das Zeichen ん in die entsprechenden Felder von Übungsbuch 1.

9. Schreibübung (Silben mit langem Vokal)

Schreiben Sie folgende Silben der ら-Reihe in *Hiragana* auf Papier mit quadratischen Feldern:

    rā   *rii*   *rū*   *rei*   *rō*

10. Schreibübung (Wörter und Namen)

Schreiben Sie folgende Wörter und Namen aus den Lektionen 1 bis 8 in *Hiragana* auf Papier mit quadratischen Feldern:

sora, arimasen, iro, watakushi, takusan, waru, Hiroshi, matsuri, hantō, kore, anmari, ten'in, kirei, shinsen, murasakiiro, Nihon, kakeru, kōen, Akira, kaiwa, tokoro, yaoyasan, are, shiroi, kanari, sensei, yoroshii, atarashii, furui, shirimasen, Ichirō, onnanohito, o, ikura, futari, sannin, Hiroshima, sore, Kankoku, furimasen, kusuriya, suimin'yaku, sayōnara.

11. Schreibübung (Wortgruppen)

Schreiben Sie folgende Wortgruppen aus den Lektionen 1 bis 8 in *Hiragana* auf Papier mit quadratischen Feldern:

konnichi wa, futari no sensei, rokusen en, Akira to Hiroshi to Ichirō, wata-
kushi wa, san kakeru ni wa roku, hachi waru yon wa ni, michi o kiku, sore
ni shimasu, takusan no murasakiiro no hon, anmari furui kusuri, kore wa,
e o mimasu, sannin no onnanohito, yaoyasan no ushiro, ano iro wa kirei,
anmari atarashiku wa arimasen, watakushi no tokoro ni wa arimasen.

12. Lese-, Übersetzungs- und Transkriptionsübung

Lesen und übersetzen Sie folgende Wörter; schreiben Sie sie in Lateinschrift:

1. この　ほん　は　くろく　は　ありません。

2. わたくし　は　あきら　の　え　を　みます。

3. それ　は　わたくし　の　ところ　に　は　あり

ません。　4. に　かける　さん　は　ろく。

5. くすりや　の　うしろ　に　あります。　6. は

ち　わる　に　は　よん。　7. それ　に　します。

8. みなさん、　こんにち　は。　9. その　むらさ

きいろ　の　ほん　は　あんまり　あたらしく　は

ありません。

13. Kreuzworträtsel

Füllen Sie die Felder auf Japanisch in *Hiragana* aus wie in dem Beispiel
6 waagerecht:

Waagerecht

1. rot
2. sieben
3. Schüler
4. ja
6. immer
9. Name ei-
   ner Insel
10. Name
11. Fleischer
12. dies
15. schwarz
16. ja

1	5	7	10			○	18
2			11	13	14		
	6 い	つ	も			17	19
3		8	12		15		
4		9			16		

Senkrecht

1. Sie
5. Silbenschrift
6. nein

7. fünf
8. Stadt
10. nichts

12. hier
13. Land
14. Berg

17. weiß
18. tausend
19. Schüler

Platz für weitere Kreuzworträtsel und/oder andere spielerische Anwendungen der Silbenzeichen:

だ　い　9　か

Nihongo no jugyō

Jugyō ga hajimarimasu. Sensei ga aisatsu o shimasu.　　　　　　　◎◎

Sensei:　Mina-san, ohayō gozaimasu!

Seito:　Ohayō gozaimasu!

Sensei:　Kesa wa samui desu ne. Mina-san irasshaimasu ka?

Müller:　Kunze-san wa kyō wa byōki de, kesseki shite imasu. Sore ni Aumann-san wa tonari no heya ni nete imasu.

Sensei:　Dōshite desu ka?

Müller:　Hanaji ga dete, zutsū ga suru sō desu.

Sensei:　Sore wa ikemasen ne. Sore dewa, hajimemashō. Kore kara dekiru dake Nihongo o hanashimashō. Shitsumon ga arimasu ka?
　　　　　Mazu fukushū o shimasu. Yasashii kotoba o tsukatte, yukkuri hanashimashō. Saisho ni hatsuon no renshū desu. ‚Koko‘.

Seito:　‚Koko‘.

Sensei:　‚Kekkō‘.

Seito:　‚Kekkō‘.

Sensei:　Hai, kekkō desu. (Warau.) Kore kara hon'yaku no renshū desu. „Guten Morgen" wa Nihongo de nan to iimasu ka? Klein-san … ?

Klein:　‚Ohayō gozaimasu‘ to iimasu.

Sensei:　‚Nihon wa shimaguni desu‘ to wa Doitsugo de nan to iimasu ka?

Jäger:　„Japan ist ein Inselreich" to iimasu.

Sensei:　Kondo wa watakushi no shitsumon ni kotaete kudasai. Schmidt-san no oshigoto wa nan desu ka?

Schmidt:　Yoku wakarimasen ga, mō ichido yukkuri itte kudasai.

Sensei:　Schmidt-san wa donna oshigoto desu ka?

Schmidt:　Watakushi wa yakunin desu.

Sensei:　Meier-san wa?

Meier:　Watakushi wa kōmuin desu.

Sensei:　Chotto wakarimasen ga, mō sukoshi ōki na koe de itte kudasai.

Meier:　Watakushi wa kōmuin desu.

Sensei:　Kore kara kana no renshū desu. Tadashii kanazukai ni ki o tsukete kudasai. Kokuban ni hiragana o kakimasu. Katakana to kanji wa ato de naraimasu. Kono moji wa nan to yomimasu ka? (ぶ　to kaku)

Klein:　‚Bu‘ to yomimasu.

Sensei:　Kore wa? (ぽ　to kaku)

Jäger:　‚Po‘ to yomimasu.

Sensei:　Sore dewa, kono kotoba wa nan to yomimasu ka? (ぶんぽう to kaku)

Braun: *,Bunpō' to yomimasu.*

Sensei: *Dewa, kore wa?* (ぺらぺら *to kaku*)

Klein: *,Perapera' to yomimasu. Sore wa dō iu imi desu ka?*

Sensei: *Tatoeba kotoba ga jōzu da to iu imi de, „Ano kata wa Nihongo ga pera-pera desu" mata wa „Ano hito wa Eigo o perapera shaberimasu" to iu fū ni tsukaimasu.*

          Kondo wa kakitori o shimashō. Ten, maru, nigori, kagi, kakko nado o tadashiku tsukatte kaite kudasai.

          ...

          Tsugi ni rei o agete bunpō o kuwashiku setsumei shimasu.

          Kore kara reibun o kokuban ni kakimasu.

Müller: *Nihongo wa bunpō ga muzukashii desu ne.*

Sensei: *Mā, sore hodo muzukashiku mo arimasen.*

          Dewa, saigo ni yomikata no renshū o shimashō. 123 pēji o akete saisho no bunshō o yonde kudasai.

A. あたらしい ことば   🔲

Nihongo	Japanisch	*dōshite*	warum
jugyō	Unterricht	*Dōshite desu ka?*	Warum?
hajimaru	anfangen, beginnen	*hana*	Nase
aisatsu	Gruß, Begrüßung	*chi*	Blut
aisatsu suru	(be)grüßen	*hanaji*	Nasenbluten
kesa	heute morgen		(*wörtl.* Nasenblut)
irassharu	anwesend sein	*deru*	hinausgehen
byōki	Krankheit; krank	*hanaji ga deru*	Nasenbluten haben
byōki desu	ist krank	*zutsū*	Kopfschmerzen
sore ni	außerdem	*zutsū ga suru*	Kopfschmerzen haben
kesseki	Fehlen, Abwesenheit		
		sō desu	soll; ich habe gehört, daß
kesseki da/suru	fehlen		
tonari	Nachbar(schaft)	*Sore wa ikemasen ne.*	Das ist bedauerlich. Das tut mir leid.
tonari no	benachbart, nebenan		
heya	Zimmer	*dekiru*	können
neru	schlafen; schlafen gehen; sich hinlegen	*dekiru dake*	möglichst
		hanasu	sprechen
nete iru	liegen	*yasashii*	leicht, einfach

kotoba	Wort; Sprache
tsukau	benutzen, gebrauchen
yukkuri	langsam
saisho ni	am Anfang, zu Beginn, zuerst
hatsuon	Aussprache
hatsuon no renshū	Ausspracheübung
warau	lachen
hon'yaku	Übersetzung
hon'yaku no renshū	Übersetzungsübung
Nihongo de	auf Japanisch
Doitsugo de	auf Deutsch
kondo wa	jetzt, als nächstes
(ni) kotaeru	antworten (auf)
kotaete kudasai	antworten Sie bitte
yoi	= ii
wakaru	verstehen
yoku wakarimasen	ich verstehe (Sie) nicht gut
-do	-mal
ichido	einmal
mō ichido	noch einmal
itte kudasai	sprechen Sie bitte
yakunin	(Verwaltungs) Beamter
kōmuin	Beamter, Angestellter im öffentl. Dienst
chotto wakarimasen	ich verstehe nicht ganz
sukoshi	ein wenig, ein bißchen
mō sukoshi	ein wenig (+ Komparativ)
mō sukoshi ōkii	ein bißchen größer
koe	Stimme
ōki na koe	laute Stimme
kana	zusammenfassende Bezeichnung für Hiragana und Katakana
hiragana	Hiragana
kaku	schreiben
kokuban ni kaku	an die Tafel schreiben
katakana	Katakana
kanji	Kanji (chines. Schriftzeichen)
ato (de)	später, danach
tadashii	korrekt
kanazukai	Kana-Rechtschreibung
ki	Geist
tsukeru	befestigen
(ni) ki o tsukeru	aufpassen (auf), beachten
narau	lernen
moji	Schriftzeichen
yomu	lesen
… nan to yomimasu ka?	Wie liest man … ?
ぶ to kaku	er schreibt ぶ
,Bu' to yomimasu.	Man liest es bu.
ぶんぽう	Grammatik
ぺらぺら	fließend (sprechen)
imi	Bedeutung, Sinn
dō iu imi	welche Bedeutung
Sore wa dō iu imi desu ka?	Was bedeutet das?
tatoeba	zum Beispiel
jōzu	geschickt, gut
kotoba ga jōzu da	(eine Sprache) gut sprechen
… to iu imi desu.	Es bedeutet, daß …
ano kata	die Dame / der Herr dort; sie / er
Nihongo ga perapera da	fließend Japanisch sprechen
mata wa	oder
ano hito	die Frau / der Herr dort; sie / er
shaberu	sprechen, plaudern, quasseln

Eigo o perapera shaberu	fließend Englisch sprechen	*kuwashii*	ausführlich, eingehend, genau
fū	Art, Weise	*setsumei*	Erklärung
to iu fū ni tsukaimasu	man benutzt es auf folgende Weise	*kuwashiku setsumei suru*	ausführlich erklären
kakitori	Diktat	*reibun*	Beispielsatz
kakitori o suru	ein Diktat schreiben	*muzukashii*	schwierig
ten	Punkt; Komma	*mā*	ach, na ja
maru	Kreis; Punkt	*Sore hodo muzukashiku mo arimasen.*	So schwierig ist es auch wieder nicht.
nigori	(zwei Schrägstriche)		
kagi	Anführungszeichen	*saigo ni*	zum Schluß
kakko	Klammern	*yomikata*	Lesen (*wörtl.* Art zu lesen)
tadashiku tsukau	korrekt verwenden		
tsugi ni	als nächstes	*pēji*	Seite
rei	Beispiel	*akeru*	öffnen
ageru	geben	*bunshō*	Satz
rei o ageru	Beispiele anführen	*yonde kudasai*	lesen Sie bitte

B. れいぶん

1. *Sensei wa irasshaimasu ka?*
   Ist der Lehrer da?

2. *Kinoshita-sensei wa dōshite irasshaimasen ka?*
   Warum ist Herr (*wörtl.* Lehrer) *Kinoshita* nicht da?

3. *Okosan mo irasshaimasu ka?*
   Sind Ihre Kinder auch da?

4. *Itō-san no kodomo wa byōki desu. – Sore wa ikemasen ne.*
   Die Kinder von Frau *Itō* sind krank. – Das tut mir aber leid zu hören.

5. *Futari no seito wa byōki de zutsū ga shimasu.*
   Zwei Schüler sind krank und haben Kopfschmerzen.

6. *Yasashii kotoba o tsukatte kakitori o shimashō.*
   Wir schreiben ein Diktat mit leichten Wörtern.

7. *Jugyō de dekiru dake Nihongo o hanashimashō.*
   Im Unterricht wollen wir möglichst Japanisch sprechen.

8. *Yukkuri hanashite kudasai.*
   Sprechen Sie bitte langsam.

9. *Mō ichido itte kudasai.*
   Sagen Sie es bitte noch einmal.

10. *Mō sukoshi yukkuri itte kudasai.*
    Sagen Sie es bitte noch etwas langsamer. / Gehen/fahren Sie bitte noch etwas langsamer.

11. *Kodomo o yonde kudasai.*
    Rufen Sie bitte die Kinder.

12. *Saigo no bunshō o yonde kudasai.*
    Lesen Sie bitte den letzten Satz.

13. *Saisho ni yomikata no renshū desu.*
    Als erstes machen wir eine Leseübung.

14. *Dekiru dake hiragana o tsukatte kotoba o kaite kudasai.*
    Schreiben Sie die Wörter möglichst mit *Hiragana*.

15. „Auf Wiedersehen" *wa Nihongo de nan to iimasu ka?*
    Was heißt „Auf Wiedersehen" auf Japanisch?

16. *Nihongo de kotaete kudasai.*
    Bitte antworten Sie auf Japanisch.

17. ‚*Ano hito wa Eigo ga perapera desu' to wa Doitsugo de nan to iimasu ka?*
    Was heißt ‚*Ano hito wa Eigo ga perapera desu'* auf Deutsch?

18. ‚*Perapera' to iu no wa dō iu imi desu ka?*
    Was bedeutet ‚*perapera'*?

19. *Nihongo ga wakarimasu ka? – Iie, wakarimasen.*
    Verstehen Sie Japanisch? – Nein.

20. *Yoku wakarimasen ga, Eigo de setsumei shite kudasai.*
    Ich verstehe Sie nicht. Bitte erklären Sie es auf Englisch.

21. *Tsugi no kotoba o hiragana de kaite kudasai.*
    Schreiben Sie das nächste Wort bitte in/mit *Hiragana*.

22. *Ano hito wa nōto ni hiragana o kaite imasu.*
    Er schreibt (gerade) *Hiragana* in sein Schreibheft.

23. *Sensei wa kokuban ni* ひらがな *to kakimasu.*
    Der Lehrer schreibt ひらがな an die Tafel.

24. *Ano kata wa kesa kara sono hon o yonde imasu.*
    Sie liest seit heute morgen das Buch.

25. *Kore wa nan to yomimasu ka? (* ぶんぽう *to kaku)*
    Wie liest man dies? (er schreibt ぶんぽう)

26. *Kuwashiku setsumei shite kudasai.*
    Erklären Sie es bitte genau.

27. *Sore hodo yasashiku mo arimasen.*
    So leicht ist es auch wieder nicht.

28. *Ano hito wa Nihongo ga jōzu desu.*
    Er kann/spricht gut Japanisch.
29. *Ano hito wa Nihongo ga perapera desu.*
    Er spricht fließend Japanisch.
30. *Ano hito wa Nihongo o perapera hanashimasu / shaberimasu.*
    Er spricht fließend Japanisch.
31. *Ano hito wa Nihongo ga perapera da sō desu.*
    Er soll fließend Japanisch sprechen.
32. *Ano hito wa Nihongo o perapera hanasu/shaberu sō desu.*
    Er soll fließend Japanisch sprechen.

C.　ぶんぽう

1. Basisformen der Verben

Das japanische Verb besteht aus einer Basisform, die entweder für sich allein, meist aber in Verbindung mit Suffixen wie *-masu*, *-masen* oder *mashō* auftritt. Nach der Zahl ihrer Basisformen unterteilt man die Verben in zwei Gruppen:

a) Verben mit e i n e r Basisform.

Die Basis endet entweder auf eine Silbe der いだん (z.B. み bei みます) oder der えだん (z.B. たべ bei たべます). Sie endet also jeweils auf eine Silbe aus nur e i n e r (= いち) Stufe (= だん) der 50-Laute-Tafel. Man nennt diese Verben daher いちだん -Verben.

b) Verben mit f ü n f Basisformen.

Jede Basis endet auf eine Silbe aus einer der fünf (= ご) Stufen (= だん) der 50-Laute-Tafel. Man nennt diese Verben daher ごだん -Verben.

Die Bezeichnung der Basen richtet sich nach der Stufe, der sie zugeordnet sind. Es gibt also eine あ -Basis, eine い -Basis, eine う -Basis, eine え -Basis und eine お -Basis. Die fünf Basisformen des Verbs いく z.B. sind (in der Reihenfolge des あいうえお): いか, いき, いく, いけ, いこ.

Die fünf Basen der ごだん -Verben haben unterschiedliche grammatische Funktionen und können nur mit bestimmten Suffixen verbunden werden. So bildet man z.B. die ます -Form stets mit der い -Basis (z.B. いきます).

Die beiden wichtigsten Basen, nämlich die い- und die う-Basis, werden in den folgenden Abschnitten behandelt.

2. Funktionen der い-Basis

a) In Verbindung mit Suffixen wie *-masu*, *-masen* und *-mashō* dient sie der Bildung höflicher satzabschließender Verbformen.

b) Aus ihr wird die sog. て-Form (s. Abschnitte 6–8) abgeleitet.

3. Funktionen der う-Basis

a) Unter dieser Basisform sind die Verben in Wörterbüchern aufgeführt. (Ab dieser Lektion erscheinen alle Verben im Vokabelteil in der う-Basis.)

b) Satzabschließende Form in Fällen, in denen eine höfliche Ausdrucksweise nicht erforderlich ist (Schriftsprache, insbesondere Texte ohne bestimmten Adressaten; Gespräche unter Freunden).

c) Nicht satzabschließende Form in allen Arten von Texten.

4. Formenbildung bei Verben (ます-Form und Wörterbuchform)

Die bei den ごだん-Verben notwendige Überlegung, an welche Basis man ein bestimmtes Suffix anfügt, entfällt bei den いちだん-Verben, da diese ja nur e i n e Basis haben. Bei letzterer Verbgruppe entfällt somit auch das Problem der Umwandlung einer Basis in eine andere. Eine solche Umwandlung ist immer dann erforderlich, wenn man ein Verb in einer bestimmten Form vorfindet oder im Gedächtnis hat, es aber in einer anderen Form benötigt. Will man z.B. ein Verb, das man in einem Wörterbuch gefunden hat, als satzabschließendes Verb in höflicher Umgangssprache verwenden, dann muß man die vorliegende Wörterbuchform in die gewünschte Basis mit dem Suffix ます umwandeln. Dabei ist folgendes zu beachten: die Wörterbuchform der ごだん-Verben ist mit der う-Basis identisch, die Wörterbuchform der いちだん-Verben besteht aus der Basis und der Silbe る.

Die folgenden Tafeln zeigen die Regeln auf, nach denen die ます-Form (und die davon abgeleiteten *masen*- und *mashō*- Formen) in die Wörterbuchform umgewandelt wird und wie umgekehrt aus der Wörterbuchform die ます-Form abgeleitet wird. Den Tafeln ist zu entnehmen, daß die Wörterbuchform von Verben, die auf *-iru* oder *-eru* enden, nicht erkennen läßt, ob es sich um ein いちだん- oder ein ごだん-Verb handelt. (Theoretisch könnte みる auch ein ごだん-Verb sein, dessen ます-Form dann みります wäre.) Auch bei Basen, die auf *-i* oder *-e* enden, lassen sich keine Rückschlüsse auf die Zugehörigkeit des Verbs zu einer der beiden Gruppen ziehen. (So könnte z.B. よみます theoretisch ein いちだん-Verb sein, dessen Wörterbuchform dann よみる wäre.)

5. Tabelle der ます- und Wörterbuchformen der Verben

a) いちだん-Verben

Endsilbe der Basis aus der	*masu*-Form (Basis + *masu*)	Wörterbuchform (Basis + *ru*)
i-dan	*mi-masu*	*mi-ru*
e-dan	*tabe-masu*	*tabe-ru*

b) ごだん-Verben

Endsilbe der Basen aus der	*masu*-Form (い-Basis + *masu*)	Wörterbuchform (う-Basis)	Endsilbe der い-Basis	う-Basis
a-gyō	*i-i-masu*	*i-u*	*i*	*u*
ka-gyō	*i-ki-masu*	*i-ku*	*ki*	*ku*
	oyo-gi-masu	*oyo-gu* [1]	*gi*	*gu*
sa-gyō	*hana-shi-masu*	*hana-su*	*shi*	*su* [2]
ta-gyō	*mo-chi-masu*	*mo-tsu* [1]	*chi*	*tsu* [2]
na-gyō	*shi-ni-masu*	*shi-nu* [1]	*ni*	*nu*
ha-gyō	*yo-bi-masu*	*yo-bu*	*bi*	*bu*
ma-gyō	*yo-mi-masu*	*yo-mu*	*mi*	*mu*
ra-gyō	*a-ri-masu*	*a-ru*	*ri*	*ru*
	goza-i-masu [3]	*goza-ru*	*i*	*ru* [3]
	irassha-i-masu [3]	*irassha-ru*	*i*	*ru* [3]
	kudasa-i-masu [3]	*kudasa-ru*	*i*	*ru* [3]

[1] Verben, die erstmals in Lektion 10 vorkommen.

[2] Entsprechend ihrer Anordnung in der 50-Laute-Tafel werden die Endsilben す und つ der う-Basis bei der Umwandlung in die い-Basis zu し und ち und umgekehrt.

[3] Unregelmäßige Verben, bei denen das in der Endsilbe der う-Basis noch erhaltene *r* verlorengegangen ist.

c) Unregelmäßige Verben

masu-Form (い-Basis + masu)	Wörterbuchform (う-Basis + ru)
shi-masu	su-ru
ki-masu	ku-ru

d) desu

masu-Form	Wörterbuchform
de-su (de ari-masu)	da (de a-ru)

6. Die て-Form der Verben

Die sog. て-Form der Verben ist durch die Endung て / で gekennzeichnet (die て-Form von です besteht allerdings nur aus で).

Sie erfüllt unter anderem folgende Funktionen:

a) Verknüpfung von Sätzen. Dabei kann es sich um eine einfache (additi-
   ve) Reihung handeln oder um einen kausalen Zusammenhang, in dem
   beide Sätze zueinander stehen.

> *Kunze-san wa byōki de, kesseki shite imasu.*
> Herr Kunze ist krank und fehlt (daher).
>
> *Hanaji ga dete, zutsū ga suru sō desu.*
> Sie hat Nasenbluten und soll Kopfschmerzen haben.
>
> *Yasashii kotoba o tsukatte, yukkuri hanashimashō.*
> Ich werde leichte Wörter benutzen und langsam sprechen.

b) Verknüpfung eines Quasi-Adjektivs mit einem folgenden Adjektiv
   oder Quasi-Adjektiv, wobei das erste eine Erklärung für das zweite zum
   Ausdruck bringen kann.

> *Shinsen de oishii desu.*
> Sie sind frisch und (daher) schmackhaft.

c) Bezeichnung der Art und Weise, wie etwas gemacht wird.

> *Ten, maru nado o tadashiku tsukatte kaite kudasai.*
> Schreiben Sie, indem Sie Komma, Punkt usw. korrekt verwenden.
>
> *Tsugi ni rei o agete bunpō o kuwashiku setsumei shimasu.*
> Als nächstes erkläre ich Ihnen die Grammatik ausführlich anhand
> von Beispielen.

In Verbindung mit dem Hilfsverb いる kennzeichnet die て-Form
häufig das Andauern einer Handlung oder eines Vorgangs.

(Eine ausführlichere Darstellung der Verwendung der て-Form in
Verbindung mit いる folgt in Lektion 10.)

> *Kunze-san wa kesseki shite imasu.*
> Herr Kunze fehlt.
>
> *Aumann-san wa tonari no heya ni nete imasu.*
> Fräulein Aumann liegt im Zimmer nebenan.

7. て**-Form** + ください

Mit der て-Form und darauffolgendem ください drückt man eine höfliche Bitte oder Aufforderung aus.

> *Watakushi no shitsumon ni kotaete kudasai.*
> Antworten Sie bitte auf meine Fragen.
>
> *Mō ichido yukkuri itte kudasai.*
> Sagen Sie es bitte noch einmal langsam.
>
> *Mō sukoshi ōki na koe de itte kudasai.*
> Sagen Sie es bitte (noch) etwas lauter.
>
> *Ten, maru nado o tadashiku tsukatte kaite kudasai.*
> Schreiben Sie, indem Sie Komma, Punkt usw. korrekt verwenden.
>
> *Sono bunshō o ōki na koe de yonde kudasai.*
> Lesen Sie den Satz bitte laut.

8. Bildung der て-Form aus der ます-Form

a) いちだん-Verben

dan	masu-Form (Basis + masu)	te-Form (Basis + te)
i	mi-masu	mi-te
e	tabe-masu	tabe-te

b) ごだん-Verben

gyō	masu-Form (い-Basis + masu)	te-Form	Endung der い-Basis	te-Form
a	i-i-masu	i-t-te	i	t-te
ka	ka-ki-masu	ka-i-te	ki	i-te
	i-ki-masu	i-t-te [1]	ki	t-te
	oyo-gi-masu	oyo-i-de [2]	gi	i-de
sa	hana-shi-masu	hana-shi-te	shi	shi-te
ta	mo-chi-masu	mo-t-te [2]	chi	t-te
na	shi-ni-masu	shi-n-de [2]	ni	n-de
ha	yo-bi-masu	yo-n-de	bi	n-de
ma	yo-mi-masu	yo-n-de	mi	n-de
ra	a-ri-masu	a-t-te	ri	t-te
	irassha-i-masu	irasshi-te [1]	i	te

[1] unregelmäßige Formen
[2] Verben, die erstmals in Lektion 10 vorkommen

c) Unregelmäßige Verben

masu-Form (い-Basis + masu)	te-Form (い-Basis + te)
shi-masu	shi-te
ki-masu	ki-te

d) *desu*

masu-Form	*te*-Form
de-su	*de*

9. Adverbendung 〈

Ein großer Teil der japanischen Adverbien ist von Adjektiven abgeleitet. Dabei wird die Adjektivendung いっ durch 〈 ersetzt. Die Adverbialform ist also die gleiche wie die Negationsform der Adjektive (vgl. Lektion 3.B.4).

> *Yoku wakarimasen.*
> Ich verstehe (Sie) nicht gut.
>
> *Ten, maru nado o tadashiku tsukatte kaite kudasai.*
> Schreiben Sie, indem Sie Komma, Punkt usw. korrekt verwenden.
>
> *Rei o agete bunpō o kuwashiku setsumei shimasu.*
> Ich erkläre Ihnen die Grammatik ausführlich anhand von Beispielen.

10. Sprachbezeichnung mit ご

Die Sprachbezeichnung erfolgt in der Regel durch Anfügen von ご (= Sprache) an den Ländernamen.

Nihongo	Japanisch
Chūgokugo	Chinesisch
Chōsengo	Koreanisch
Roshiago	Russisch
Doitsugo	Deutsch
aber:	
Eigo	Englisch
(*Igirisu*/*Eikoku*	= England)

11. Zitatpartikel と

Nicht nur bei いう, sondern auch bei anderen Verben des Sagens und Benennens kennzeichnet man die davon abhängigen Wörter, Satzteile und Sätze (z.B. Zitate und direkte Rede) mit der Partikel と. Zusätzlich zu dem unmittelbar vor dem Verb stehenden と kann die Partikel auch direkt hinter einem längeren Zitat (z.B. einem ganzen Satz bei wörtlicher Rede) stehen, um das Zitatende zu markieren, wenn zwischen dem Zitatende und dem Verb einige andere Wörter stehen.

„Guten Morgen" *wa Nihongo de nan to iimasu ka?*
Was heißt „Guten Morgen" auf Japanisch?

‚Nihon wa shimaguni desu' to wa Doitsugo de nan to iimasu ka?
Was heißt ‚*Nihon wa shimaguni desu*' auf Deutsch?

Kono moji wa nan to yomimasu ka?
Wie liest man dieses Zeichen?

‚Bu' to yomimasu.
Man liest es *bu*.

ふ *to kaku.*
Er schreibt ふ.

Tatoeba kotoba ga jōzu da to iu imi desu.
Es bedeutet (*wörtl.* hat die Bedeutung) beispielsweise, daß jemand (eine Sprache) gut spricht.

„*Ano kata wa Nihongo ga perapera desu*" *mata wa* „*Ano hito wa Eigo o perapera shaberimasu*" *to iu fū ni tsukaimasu.*
Man benutzt es in der Weise wie (*oder:* auf folgende Weise:) „*Ano kata wa …*" oder „*Ano hito wa …*".

Vgl.: ひらがな *to kaku.*
   Er schreibt (das Wort) ひらがな.

   Kokuban ni hiragana o kakimasu.
   Ich schreibe *Hiragana* (Silbenzeichen) an die Tafel.

12. Verwendung von あの

Wie in Lektion 2.B.2 dargestellt, bezeichnet man mit あの etwas, das sowohl vom Sprecher als auch vom Hörer weiter entfernt ist. Mithilfe von あの kann man aber auch anzeigen, daß die betreffende Person oder Sache bereits früher erwähnt wurde und sowohl dem Sprecher als auch dem Hörer bekannt ist. (Vgl. Lektion 4.B.5: その als Markierung von etwas, das kurz zuvor – meistens vom Gesprächspartner – erwähnt wurde.)

Die Ausdrücke あの ひと oder das höflichere あの かた sind je nach Kontext mit „sie/er" oder „die Frau/Dame/der Mann/Herr dort" zu übersetzen.

Ano kata wa Nihongo ga perapera desu.
Die Dame/Der Herr dort (Sie/Er) spricht fließend Japanisch.

Ano hito wa Eigo o perapera shaberimasu.
Die Frau/Der Mann dort (Sie/Er) spricht fließend Englisch.

13. そうです

そうです hinter der Wörterbuchform eines Verbs zeigt an, daß der Sprecher etwas berichtet, das er nicht selbst erlebt oder gesehen, sondern von dem er nur gehört oder gelesen hat. Dementsprechend wird man bei der Übersetzung Wendungen wie „er/sie/es soll" oder „ich habe gehört, daß" wählen.

Zutsū ga suru sō desu.	Sie soll Kopfschmerzen haben.

14. または

または dient sowohl zur Verknüpfung von Sätzen als auch von Wörtern.

> „*Ano kata wa Nihongo ga perapera desu*" **mata wa** „*Ano hito wa Eigo o perapera shaberimasu*" *to iu fū ni tsukaimasu.*
> Man benutzt es auf folgende Weise: „*Ano kata wa Nihongo ga perapera desu*" oder „*Ano hito wa Eigo o perapera shaberimasu*".

15. Höflichkeitsverb *irassharu*

Im Japanischen gibt es etwa ein Dutzend sog. Höflichkeitsverben (auch Verben des Respekts genannt). Sie werden anstelle einiger häufig vorkommender, höflichkeitsneutraler Verben immer dann verwendet, wenn man gegenüber demjenigen, auf den sie sich beziehen, Höflichkeit oder Respekt ausdrücken will. Man kann diese Verben also nur dann verwenden, wenn sie sich auf den Hörer oder dessen Umkreis (Familie, Freunde, Kollegen) beziehen.

Das Höflichkeitsverb *irassharu* steht im folgenden Beispiel anstelle des höflichkeitsneutralen Verbs *iru*.

Mina-san irasshaimasu ka?	Sind (Sie) alle da?

16. Seitenzählung mit *pēji*

Mit *pēji* kann man sowohl eine bestimmte Seite als auch den Umfang einer Schrift angeben:

nanpēji   = welche Seiten; wieviele Seiten
128 pēji   = Seite 128; 128 Seiten

ichipēji	*sanpēji*	*gopēji*	*nanapēji*	*kyūpēji*	*jūichipēji*
nipēji	*yonpēji*	*rokupēji*	*hachipēji*	*jippēji*	usw.

D.　もじ

1. Darstellung der mit den Konsonanten *g, z, j, d, b* und *p* beginnenden Silben

Die mit den stimmhaften Konsonanten *g, z, j, d* und *b* beginnenden Silben schreibt man, indem man an der rechten oberen Ecke der zugrundeliegenden Silbenzeichen (s. Abschnitt 2) aus der *ka-*, *sa-*, *ta-* und *ha-gyō* zwei kurze Schrägstriche (*Nigori-ten* oder *Daku-ten* genannt) anfügt. Ein kleiner Kreis (*Maru* oder *Handaku-ten*) an der gleichen Stelle bei den Silbenzeichen der *ha-gyō* macht den *h-* zu einem *p*-Laut.

   ﾞ und ﾟ sind die beiden einzigen diakritischen Zeichen im Japanischen.

が	ぎ	ぐ	げ	ご
ga	*gi*	*gu*	*ge*	*go*
ざ	じ	ず	ぜ	ぞ
za	*ji*	*zu*	*ze*	*zo*
だ	ぢ	づ	で	ど
da	*ji*	*zu*	*de*	*do*
ば	び	ぶ	べ	ぼ
ba	*bi*	*bu*	*be*	*bo*
ぱ	ぴ	ぷ	ぺ	ぽ
pa	*pi*	*pu*	*pe*	*po*

Die Laute *ji* und *zu* schreibt man gewöhnlich mit den Silbenzeichen じ und ず. Die gleichlautenden Silbenzeichen ぢ und づ benutzt man nur, wenn

a) die vorhergehende und zu dem gleichen Wort gehörige Silbe aus dem gleichen, nicht nigorierten Zeichen besteht: つづける

b) wenn die Silben ち und つ in Wortzusammensetzungen zu stimmhaftem *ji* und *zu* werden:

$$かな + つかい \quad → \quad かなづかい$$

$$はな + ち \quad → \quad はなぢ$$

Regel b gilt nicht für Wörter, die allgemein nicht mehr als zusammengesetze Wörter empfunden werden.

Anmerkung:
In der Praxis wird von den unter a) und b) genannten Rechtschreiberegeln immer häufiger abgewichen. In vielen japanischen Wörterbüchern und Lexika sind die oben aufgeführten drei Wörter つずける, かなずかい und はなじ geschrieben und an entsprechender Stelle angeordnet. (Die mit *Nigori* oder *Maru* versehenen Silben stehen im あいうえお bei den ihnen zugrundeliegenden Silben: じ also bei し, ぢ bei ち, ず bei す und づ bei つ.) Das bedeutet, daß man manchmal zweimal nachschlagen muß, bis man ein Wort findet – ähnlich wie bei den mit Umlauten geschriebenen Wörtern im Deutschen, bei denen z.B. das ö bei der Einordnung in einigen Nachschlagewerken wie o, in anderen wie oe behandelt wird.

2. Ableitung der mit diakritischen Zeichen geschriebenen Silben aus der 50-Laute-Tafel

あ	い	う	え	お						
か	き	く	け	こ	→	が	ぎ	ぐ	げ	ご
さ	し	す	せ	そ	→	ざ	じ	ず	ぜ	ぞ
た	ち	つ	て	と	→	だ	ぢ	づ	で	ど
な	に	ぬ	ね	の						
は	ひ	ふ	へ	ほ	↗	ば	び	ぶ	べ	ぼ
ま	み	む	め	も	↘	ぱ	ぴ	ぷ	ぺ	ぽ
や		ゆ		よ						
ら	り	る	れ	ろ						
わ				を						
ん										

3. Zeichensetzung

a) **Maru** ゜. Entspricht als satzabschließendes Zeichen dem Punkt im Deutschen. Auch Frage- und Ausrufesätze schließt man in der Regel mit einem *Maru* ab. Er steht bei waagerechter Schreibweise – wie im Deutschen der Punkt – auf dem unteren Rand, bei senkrechter Schreibweise am rechten Rand der betreffenden Zeile.

b) **Ten** 、. Dient – wie im Deutschen das Komma – der übersichtlichen Gliederung eines Satzes. Die Regeln für die Verwendung des *Ten* sind weniger festgelegt als im Deutschen. Die Position in der Zeile ist die gleiche wie die des *Maru*.

c) **Kagi.** Waagerecht: 「 」, senkrecht ⌐_ . Entspricht den Anführungsstrichen im Deutschen: steht bei direkter Rede, Zitaten usw.

d) **Kakko.** Waagerecht: (   ) , senkrecht ⁀ . Entspricht den runden
Klammern im Deutschen.

Die Satzzeichen erhalten wie alle anderen Zeichen ein eigenes Feld. Sie
stehen allerdings meistens nicht in der Mitte desselben, sondern etwas näher beim nächsten Zeichen (Einzelzeichen, Wort oder Satz), zu dem sie
gehören. Zwei aufeinanderfolgende Satzzeichen wie ₒ⌋ erhalten zusammen jedoch nur e in Feld.

(Beispiele für die Anwendung obiger Satzzeichen finden Sie in Abschnitt E.12. Eine ausführlichere Darstellung der im Japanischen gebräuchlichen Satzzeichen enthält „Kanji & Kana. Lehrbuch und Lexikon
der japanischen Schrift" auf den Seiten 39–44.)

E. *Renshū*

1. Setzen Sie die richtigen Partikeln (in *Hiragana*) ein:

1. *Nihongo ..... jugyō ..... hajimarimasu.*
2. *Aumann-san ..... hanaji ..... demasu.*
3. *Ano kata ..... zutsū ..... shimasu.*
4. *Seito ..... shitsumon ..... arimasu.*
5. *Kikuchi-san ..... kotoba ..... jōzu desu.*
6. *Ano gaikokujin ..... Nihongo ..... perapera desu.*
7. *Kinoshita sensei ..... Eigo ..... perapera hanashimasu.*
8. *Nihongo ..... bunpō ..... muzukashii desu.*
9. *Saisho ..... watakushi ..... shitsumon ..... kotaete kudasai.*
10. *Saigo ..... hatsuon ..... renshū ..... shimashō.*
11. *Tsugi ..... kakitori ..... shimashō.*
12. *Ato ..... kokuban ..... hiragana ..... kakimasu.*
13. *Kondo ..... hon'yaku ..... renshū desu.*
14. *Tonari ..... heya ..... dare (jemand) ..... nete imasu ..... ?*
15. *„Guten Tag" ..... Nihongo ..... nan ..... iimasu ..... ?*
16. *„Ikaga desu ka" .... Doitsugo ..... nan ..... iimasu ..... ?*
17. *Saigo ..... bunshō ..... ōki ..... koe ..... yonde kudasai.*
18. *Sensei ..... kokuban ..... moji ..... kakimasu.*
19. *Kono kotoba ..... nan ..... yomimasu ..... ?*
20. *Sore hodo atarashiku ..... arimasen.*

2. Verknüpfen Sie die Sätze mit Hilfe der て-Form:

れい： *Hanaji ga demasu. Zutsū ga shimasu.*
→ *Hanaji ga dete, zutsū ga shimasu.*

1. *Yukkuri hanashimasu. Kakitori o shimashō.*
2. *Kokuban ni kotoba o kakimasu. Bunpō o setsumei shimasu.*
3. *Aoki-san wa byōki desu. Kyō wa kimasen.*
4. *Rei o agemasu. Kanazukai o setsumei shimasu.*
5. *Schmidt-san wa yakunin desu. Meier-san wa kōmuin desu.*
6. *Hiragana o tsukatte kudasai. Bunshō o kaite kudasai.*

3. Bilden Sie die て-Form mit いる:

れい： *Aumann-san wa tonari no heya ni nemasu.*
→ *Aumann-san wa tonari no heya ni nete imasu.*

1. *Katō-san wa hanashimasu.*
2. *Satō-san wa nani o iimasu ka?*
3. *Itō-san wa kotaemasu.*
4. *Sore ga wakarimasu.*
5. *Seito wa bunshō o kakimasu.*
6. *Schmidt-san wa kanji o naraimasu.*
7. *Kikuchi-san wa shinbun o yomimasu.*
8. *Akira-san wa ima nani o shimasu ka?*

4. Bilden Sie die て-Form mit ください:

れい： *Mō ichido yukkuri iimasu.*
→ *Mō ichido yukkuri itte kudasai.*

1. *Koko ni nemasu.*
2. *Yūbinkyoku e ikimasu.*
3. *Fukushū o shimasu.*
4. *Hiragana o tsukaimasu.*
5. *Yukkuri hanashimasu.*
6. *Ōki na koe de iimasu.*
7. *Shitsumon ni kotaemasu.*
8. *Hiragana de kakimasu.*
9. *Uchi de naraimasu.*
10. *Ōki na koe de yomimasu.*
11. *Kodomo o yobimasu.*
12. *Koko e kimasu.*
13. *Rei o agemasu.*
14. *Bunpō o setsumei shimasu.*

15. *Kore o nomimasu.*
16. *Kokuban o mimasu.*
17. *Takushī de kaerimasu.*

5. Bilden Sie Sätze mit そう　です:

れい :　　*Zutsū ga shimasu.* → *Zutsū ga suru sō desu.*

1. *Ano hito wa Eigo o perapera shaberimasu.*
2. *Ano kata wa Nihongo ga perapera desu.*
3. *Tanaka-san wa byōki desu.*
4. *Kikuchi-san wa tonari no heya ni nete imasu.*
5. *Aoki-san wa kōmuin desu.*
6. *Satō-san wa kodomo ga sannin arimasu.*
7. *Kinoshita sensei mo irasshaimasu.*
8. *Itō-san wa kyō Ōsaka kara kimasu.*
9. *Saitō-san wa konban Tanaka-san no tokoro e ikimasu.*

6. Antworten Sie:

1. *Aumann-san wa doko ni nete imasu ka?*
2. „Auf Wiedersehen" *wa Nihongo de nan to iimasu ka?*
3. „Ano hito wa Nihongo ga jōzu desu" *to wa Doitsugo de nan to iimasu ka?*
4. *Schmidt-san wa sensei no shitsumon ga wakarimasu ka?*
5. *Sensei wa kokuban ni nani o kakimasu ka?*
6. *Kono moji (* ひ *) wa nan to yomimasu ka?*
7. „Perapera" *to iu no wa dō iu imi desu ka?*
8. *Sensei wa nani o kuwashiku setsumei shimasu ka?*
9. *Sensei wa dō iu fū ni bunpō o setsumei shimasu ka?*
10. *Sensei wa kakitori no ato de nani o shimasu ka?*
11. *Sensei wa saigo ni nani o shimasu ka?*

7. Bilden Sie passende Fragen zu folgenden Antworten:

1. *Tonari no kyōshitsu ni irassharu sō desu.*
2. *Yoku wakarimasen ga, mō ichido yukkuri itte kudasai.*
3. *Chotto wakarimasen ga, mō sukoshi ōki na koe de itte kudasai.*
4. ‚Bunpō' *to yomimasu.*
5. ‚Hanasu' *to iu imi desu.*
6. *Bunpō o kuwashiku setsumei shimasu.*
7. *Rei o agete bunpō o kuwashiku setsumei shimasu.*
8. *Ē, muzukashii desu.*
9. *Sore hodo muzukashiku mo arimasen.*
10. *Saisho ni hatsuon no renshū o shimasu.*
11. *128 pēji kara yomimasu.*

8. Übersetzen Sie:

1. Der Japanischunterricht beginnt.
2. Der Lehrer soll im Klassenzimmer nebenan sein.
3. Herr *Tanakas* Freund soll krank sein.
4. Ich habe gehört, Frau *Kikuchi* kann gut Englisch.
5. Ich habe gehört, daß Herr *Satō* fließend Deutsch spricht.
6. Wie ich gehört habe, erklärt die Lehrerin von Frau Müller die Grammatik ausführlich.
7. Als erstes schreiben wir ein Diktat.
8. In der Klasse wollen wir möglichst Japanisch sprechen.
9. Die Schüler beantworten die Fragen des Lehrers.
10. Antworten Sie bitte mit lauter Stimme.
11. Als nächstes lesen Sie den ersten Satz von Lektion 9 bitte laut.
12. Was heißt „Guten Abend" auf Japanisch?
13. Was heißt *„Mō ichido itte kudasai"* auf Deutsch?
14. Was bedeutet *„perapera"*?
15. Wie benutzt man das Wort *„perapera"*?
16. Wie liest man dieses Zeichen?
17. Wie schreibt man den Namen *„Tanaka"*?
18. Schreiben Sie das Wort bitte mit *Hiragana* an die Tafel.
19. Benutzen Sie bitte leichte Wörter und sagen Sie es langsam.
20. Sagen Sie es bitte etwas lauter.
21. Erklären Sie es bitte etwas genauer.
22. Erklären Sie es bitte anhand von Beispielen.
23. Die Übersetzungsübung machen wir später.

9. Schreibübung (einzelne Silben)

Schreiben Sie die Silben aus der Tafel in Abschnitt D.1 in die entsprechenden Felder von Übungsbuch 1. Dort sind sie bei den Zeichen aufgeführt, aus denen sie abgeleitet sind.

10. Schreibübung (Wörter und Namen)

Schreiben Sie folgende Wörter und Namen aus den Lektionen 1 bis 9 in *Hiragana* auf Papier mit quadratischen Feldern:

ichigo, donata, kazu, tsuzukeru, desu, kabe, perapera, gakusei, Nihongo, mazu, kanazukai, Pochi, yonde, gurai, dare, kotowaza, hajimaru, hana-ji, tsugi, zutsū, yobu, yobimasu, bunpō, moji, Kōbe, dōshite, dake, zenbu de, ageru, kaban, taberu, Ginza, nanbiki, kotoba, kudasai, kanji, shigo-to, kagi, deru, tatoeba, tadashiku, muzukashii, gaikokujin, Nihonjin, san-zen, komugiko, daikon, chintsūzai, Nagasaki, enpitsu, tashizan, shinbun.

11. Schreibübung (Sätze)

Schreiben Sie folgende Sätze mit Vokabeln aus den Lektionen 1 bis 9 in *Hiragana* auf Papier mit quadratischen Feldern:

1. *Kono kotoba o yonde kudasai.*
2. *Kōbe to Nagasaki wa daitoshi desu.*
3. *Ginkō wa doko desu ka?*
4. *Ano Nihon no kata wa donata desu ka?*
5. *Nihongo wa bunpō ga yasashii desu ka, muzukashii desu ka?*
6. *„Perapera" to iu no wa dō iu imi desu ka?*
7. *Ano gaikokujin no denwa bangō wa nanban desu ka?*
8. *Sensei wa kokuban ni* ぺらぺら *to kakimasu.*
9. *„Mō ichido yonde kudasai."*
10. *Nihon no chizu. (2)*

12. Lese-, Übersetzungs- und Transkriptionsübung

Lesen und übersetzen Sie folgende Sätze und Wendungen; schreiben Sie sie in Lateinschrift:

1． ぎんこう は ぎんざ えき の ひだりがわ です。

2． あの がくせい は にほんご が ぺらぺら です。

3． じたく の でんわ ばんごう は 123—4567 です。

4． この むずかしい ことば を もう いちど よんで ください。

5． この えんぴつ は ながい です か、みじかい です か。

6． 「どうも ありがとう ございます。」 「どう いたしまして。」

7． 「おはよう ございます」 は えいご で なん と いいます か。

8．せんせい は こくばん に 「ひらがな」
と かきます。

9．この もじ は なん と よみます か。
（「ぶ」 と かく。）

10．にほん の ちず （ 1 ）

13. Übung der あいうえお**-Ordnung**

Schreiben Sie die folgenden, alfabetisch geordneten Wörter in *Hiragana*
in あいうえお-Reihenfolge:

*ga, gaikoku, gakusei, ka, kaban, kabe, kaerimasu, kaeru, kagi, kai, kai-
mono, kaite, kaiwa, kakeru, kakezan, kaki, kakimasu, kakitori, kaku,
kami, kana, kanari, kanazukai, kangaeru, kanji, kara, katakana, kawa,
kazu.*

だい 10 か

1. Shōgakkō no jugyō kara 🔘🔘

Sensei: Dewa, fukushū wa kore de owari desu. Kore kara kakitori o shimashō.
Mado o shime nasai!
Seito: Enpitsu de kaite mo ii desu ka?
Sensei: Ii desu yo.
Seito: Hoka no kami o tsukatte mo ii desu ka?
Sensei: Iie, itsumo no kami ni kaki nasai!
Seito: Jisho o hiite mo ii desu ka?
Sensei: Iie, jisho o tsukatte wa ikemasen. Hon o toji nasai! Sensei ga nido yomi-
masu kara, sono ato de kaki nasai. Saisho yukkuri yonde, tsugi ni mō suko-
shi hayaku yomimasu.

2. Nihon no kikō

Miki-san to Shumitto-san to iu Doitsujin no tomodachi ga Berurin no aru kissaten de aimasu. Shumitto-san wa Nihongo ga kanari dekiru node, futari wa Nihongo de hanashite imasu.

Shumitto: Kōcha to kōhī to dochira ga ii desu ka?
Miki: Dotchi demo kekkō desu. Tabako o sutte mo ii desu ka?
Shumitto: Hai, dōzo. Doitsu no tabako wa dō desu ka?
Miki: Chotto tsuyoi keredo, oishii desu. Shumitto-san wa ryokō o suru no ga
suki desu ka?
Shumitto: Ē, daisuki desu. Koto ni Nihon e ikitai desu ne. Nihonjin no nichijō
seikatsu ya kangaekata ni kyōmi o motte imasu kara. Nihon no kikō wa dō
desu ka?
Miki: Nihon wa sanzen kiro ni wataru hosonagai kuni desu kara, ido ni yotte
kikō ga kanari chigaimasu. Tōkyō kara minami ni aru chihō wa natsu ni naru to taihen atsui desu yo. Kugatsu no nakaba kara jūgatsu no sue made wa
wariai ni suzushii desu. Fuyu wa samui desu ga, shigatsu kara dandan atatakaku narimasu.
Shumitto: Nihon de ryokō suru no ni nangatsu ga ichiban ii deshō ka?
Miki: Sō desu ne. Haru to aki ga ichiban ii to omoimasu. Ryokō no kisetsu da
to itte mo ii desu.
Shumitto: Nangatsu kara nangatsu made oyogu koto ga dekimasu ka?
Miki: Shichigatsu no hajime kara kugatsu made ga oyogu no ni ichiban ii to
omoimasu. Jūgatsu kara umi wa dondon tsumetaku narimasu.
Shumitto: Tokoro de, Miki-san no goryōshin wa itsu goro Nihon kara Berurin
ni irasshaimasu ka?
Miki: Kongetsu no owari goro kuru yotei desu. Ryōshin wa shinu mae ni seme-
te ichido Yōroppa o mitai to yoku itte imashita ga, kondo ga hajimete no

gaikoku ryokō desu. Raigetsu no nakaba goro made Berurin o yukkuri ken-
butsu shitai to itte imasu.
Shumitto: Goryōshin wa gaikokugo ga odeki ni narimasu ka?
Miki: Iie, zenzen dekimasen.

A. あたらしい ことば

1.

shōgakkō	Grundschule
kore de	hiermit
owari	Ende
shimeru	schließen
-te mo ii	erlaubt sein, dürfen
kaite mo ii?	darf/kann ich schreiben?
Ii desu yo.	Ja, bitte.
hoka (no)	(etwas) anderes
hoka no kami	anderes Papier
itsumo	immer
itsumo no	üblich, wie immer
itsumo no kami	das Papier, das wir immer benutzen
nasai	(tue) bitte
kaki nasai	schreibe bitte
hiku	nachschlagen
ikemasen	es geht nicht an
-te wa ikemasen	nicht dürfen/sollen
tsukatte wa ike-masen	es ist nicht erlaubt … zu benutzen
tojiru	schließen
sensei	(*hier:*) ich
nido	zweimal
kara	weil, da; nämlich
sono ato	danach
hayai	schnell
hayaku yomu	schnell lesen
mō sukoshi ha-yaku	etwas schneller

2.

Miki	(Familienname)
Shumitto	Schmidt
Doitsujin no to-modachi	deutscher Freund
Berurin	Berlin
aru	(irgend) ein
kissaten	Café
aru kissaten de	irgendwo in einem Café
au	(sich) treffen
futari	die beiden
kōcha	(schwarzer) Tee
kōhī	Kaffee
dotchi	= *dochira*
dotchi demo	beides (*wörtl.* welches von beiden auch immer)
Dotchi demo kekkō desu.	Beides ist mir recht.
tabako	Tabak; Zigarette
suu	einatmen, saugen, rauchen
tsuyoi	stark
keredo	aber
ryokō	Reise
ryokō (o) suru	eine Reise machen, reisen
ryokō o suru no ga	das Reisen

(ga) daisuki (de-su)	sehr gern haben/mögen/tun	*kugatsu*	September
koto ni	besonders, vor allem	*nakaba*	Mitte
-tai	tun wollen, möchten	*jūgatsu*	Oktober
		sue	Ende
		wariai ni	verhältnismäßig
ikitai (desu)	ich möchte gern gehen/fahren	*suzushii*	angenehm kühl, frisch
nichijō	Alltags-, alltäglich	*shigatsu*	April
seikatsu	Leben	*dandan*	allmählich, nach
nichijō seikatsu	Alltag, tägliches Leben		und nach (*vgl. „dan'* = Stufe, Grad)
kangaeru	denken	*atatakaku naru*	warm werden
kangaekata	Denkweise, Mentalität	*ni*	um zu …, zum
		ryokō suru no ni	zum Reisen
kyōmi	Interesse	*nangatsu*	welcher Monat
motsu	(in die Hand) nehmen; halten	*haru*	Frühjahr, Frühling
		aki	Herbst
motte iru	haben, besitzen	*(to) omou*	glauben (daß)
… ni kyōmi o	Interesse haben	*kisetsu*	Jahreszeit
motte iru	an; sich interessieren für	*itte mo ii*	man kann sagen
		oyogu	schwimmen
sanzen	3000	*oyogu no ni*	zum Schwimmen
kiro	Kilometer (*Abkürzung für „kiromē-toru'*)	*koto*	Sache, Angelegenheit
		koto ga dekiru	= *dekiru*
(ni) wataru	sich erstrecken (über)	*shichigatsu*	Juli
		hajime	Anfang
hosoi	schmal	*dondon*	rasch, schnell
hosonagai	lang und schmal, länglich	*tsumetai*	kalt
		tokoro de	übrigens
ido	Breitengrad	*ryōshin*	Eltern
(ni) yoru	abhängen (von)	*goryōshin*	(Ihre) Eltern
ni yotte	je nach, entsprechend	*goro*	um, gegen, etwa, ungefähr
kanari chigau	ziemlich/recht unterschiedlich sein	*itsu goro*	ungefähr wann
		irassharu	= *kuru*
chihō	Gegend, Gebiet, Region	*kongetsu*	diesen Monat
		yotei	Plan, Programm
naru	werden	*kuru yotei desu*	planen zu kommen, laut Plan kommen
taihen	sehr		
atsui	heiß	*shinu*	sterben

shinu mae ni	bevor sie sterben, vor ihrem Tode	*raigetsu*	nächsten Monat
semete	wenigstens	*kenbutsu*	Besichtigung
Yōroppa	Europa	*yukkuri kenbu-*	sie wollen in Ruhe
imashita	(*Vergangenheits-form von ‚imasu‘*)	*tsu shitai*	besichtigen
		gaikokugo	Fremdsprache
to yoku itte ima-shita	sie haben oft ge-sagt, daß	*gaikokugo ga dekiru*	eine Fremdspra-che können
hajimete	erstmals, zum er-stenmal	*odeki ni naru*	= *dekiru*
		zenzen (+ Neg.)	überhaupt nicht
hajimete no gai-koku ryokō	die erste Aus-landsreise		

B.　れいぶん

1. *Koko de tabako o sutte mo ii desu ka? – Hai, ii desu.*
   Darf ich hier rauchen? – Ja, bitte.

2. *Mado o akete mo ii desu ka? – Hai, dōzo.*
   Darf ich das Fenster öffnen? – Ja, bitte.

3. *Nihongo wa muzukashii kotoba da to itte mo ii desu.*
   Man kann wohl sagen, daß Japanisch eine schwierige Sprache ist.

4. *Kyōshitsu no naka de tabako o sutte wa ikemasen.*
   Im Klassenzimmer ist das Rauchen nicht erlaubt.

5. *Doa o shime nasai.*
   Mach bitte die Tür zu.

6. *Hon o toji nasai.*
   Schließt die Bücher.

7. *Hayaku shi nasai.*
   Mach schnell!

8. *Mō sukoshi ōki na koe de yomi nasai.*
   Lies bitte etwas lauter.

9. *Ano hito wa sake o yoku nonde imasu.*
   Er trinkt oft Sake.

10. *Seito ga kyōshitsu de hon'yaku no renshū o shite imasu.*
    Die Schüler sind dabei, in der Klasse eine Übersetzungsübung zu machen.

11. *Futari wa Nihongo de hanashite imasu.*
    Die beiden unterhalten sich auf Japanisch.

12. *Nihon no matsuri ni kyōmi o motte imasu.*
    Ich interessiere mich für japanische Volksfeste.

13. *Buraun-san to Kikuchi-san to iu Nihonjin no tomodachi.*
    Frau Braun und ihre japanische Freundin Frau *Kikuchi.*

14. *Watakushi wa kōhī o nomitai desu.*
    Ich möchte gern Kaffee trinken.

15. *Watakushi wa kōhī ga suki desu.*
    Ich trinke gern Kaffee.

16. *Watakushi wa oyogu no ga daisuki desu.*
    Ich schwimme sehr gern.

17. *Natsu wa oyogu no ni ichiban ii to omoimasu.*
    Der Sommer ist wohl zum Schwimmen am besten.

18. *Ringo to nashi to dotchi ga ii desu ka? – Dotchi demo kekkō desu.*
    Möchten Sie lieber Äpfel oder Birnen? – Beides ist mir recht.

19. *Satō-san wa Eigo ga dekimasu ka? – Iie, zenzen dekimasen.*
    Kann Herr *Satō* Englisch? – Nein, überhaupt nicht.

20. *Nihon de wa kugatsu ni mada oyogu koto ga dekimasu ka? – Ē, koto ni minami no hō de wa umi wa mada atatakai desu.*
    Kann man in Japan im September noch schwimmen? – Ja, besonders im Süden ist das Meer noch warm.

21. *Sore wa ikura desu ka? – Mise ni yotte chigaimasu.*
    Was kostet das? – Das ist von Geschäft zu Geschäft unterschiedlich.

22. *Ichigatsu kara taihen samuku narimasu.*
    Ab Januar wird es sehr kalt.

23. *Haru ni naru to, tori wa Hokkaidō ni kaerimasu.*
    Wenn es Frühling wird, kehren die Vögel nach *Hokkaidō* zurück.

24. *Eigo o ohanashi ni narimasu ka?*
    Sprechen Sie Englisch?

25. *Yoku Nihon e irasshaimasu ka? – Iie, kondo ga hajimete desu.*
    Kommen/Fahren Sie oft nach Japan? – Nein, dies ist das erste Mal.

26. *Otomodachi wa itsu goro irasshaimasu ka? – Shichigatsu no sue ni kuru yotei desu.*
    Wann kommen Ihre Freunde? – Nach Plan sollen sie Ende Juli kommen.

27. *Ano hito no Nihongo no hanashikata wa amari jōzu dewa arimasen.*
    Die Art und Weise, wie er Japanisch spricht, ist nicht sehr geschickt.

C. ぶんぽう

1. て-Form der Verben mit も　いい **und** は　いけません

In Verbindung mit も　いい drückt die て-Form der Verben die Genehmigung für eine Handlung aus, in Verbindung mit は　いけません ein Verbot.

> *Enpitsu de kaite mo ii desu ka?*
> Darf ich mit Bleistift schreiben?
> *Hoka no kami o tsukatte mo ii desu ka?*
> Kann ich anderes Papier benutzen?
> *Jisho o hiite mo ii desu ka?*
> Dürfen wir Wörterbücher benutzen (*wörtl.* aufschlagen)?
> *Iie, jisho o tsukatte wa ikemasen.*
> Nein, Wörterbücher dürfen nicht benutzt werden.
> *Tabako o sutte mo ii desu ka?*
> Darf ich rauchen?
> *Ryokō no kisetsu da to itte mo ii desu.*
> Man kann (*oder:* darf wohl) sagen, daß es die (beste) Reisezeit (*wörtl.* die Jahreszeit des Reisens) ist.

2. Weitere Anwendungen der て-Form

Wie in Lektion 9.C.6 erwähnt, dient die て-Form unter anderem der Verknüpfung von Sätzen.

> *Saisho yukkuri yonde, tsugi ni mō sukoshi hayaku yomimasu.*
> Zuerst lese ich langsam, beim nächstenmal etwas schneller.

In Verbindung mit dem Hilfsverb いる sagt die て-Form etwas über den Verlauf oder das Ergebnis einer Handlung oder eines Vorgangs aus. So kann damit angezeigt werden, daß

a. eine Handlung oder ein Vorgang unvollendet ist und andauert:

> *Nihongo de hanashite imasu*   sie unterhalten sich auf Japanisch

b. Handlungen oder Vorgänge sich wiederholen:

> *... to yoku itte imashita*   sie haben oft gesagt, daß ...

c. der geschilderte Zustand oder Vorgang das Ergebnis eines abgeschlossenen Geschehens ist:

> ... *ni kyōmi o motte imasu*   ich habe Interesse an ...

Das Verb *motte iru* (= „besitzen", „haben" als Ergebnis des Nehmens [Besitz ergreifen]) im letzten Beispielsatz ist abgeleitet von dem Verb *motsu* (= nehmen, ergreifen).

3. い -**Basis** + な さ い

Eine Aufforderung oder Bitte mit der い-Basis und な さ い ist weniger höflich als mit der て-Form und く だ さ い. Sie wird hauptsächlich unter Freunden, in der Familie und Kindern gegenüber verwendet.

> *Mado o shime nasai!*
> Schließt die Fenster!
>
> *Itsumo no kami ni kaki nasai!*
> Schreibt auf das Papier, das wir immer benutzen!
>
> *Hon o toji nasai!*
> Schließt die Bücher!
>
> *Hayaku shi nasai!*
> Mach schnell!

4. い-**Basis** + た い

Mit dem Suffix た い drückt man den Wunsch aus, etwas zu tun.

Das in Verbindung mit der い-Basis gebildete Verb hat die Endung eines echten Adjektivs (Vokal + い) und wird in der höflichen gesprochenen Sprache in gewisser Weise wie ein solches verwendet, z.B. durch Anschließen von で す.

> *Koto ni Nihon e ikitai desu.*
> Besonders gern würde ich nach Japan fahren.

Ist der Satz mit dem auf た い endenden Verb noch nicht zu Ende, entfällt das satzabschließende で す.

> *Semete ichido Yōroppa o mitai to yoku itte imashita.*
> Sie haben oft gesagt, sie wollten wenigstens einmal Europa sehen.
>
> *Berurin o yukkuri kenbutsu shitai to itte imasu.*
> Sie sagen, sie wollen in Ruhe Berlin besichtigen.

5. い-Basis + かた

かた bezeichnet die Art und Weise, in der etwas geschieht.

> *Nihonjin no kangaekata ni kyōmi o motte imasu.*
> Ich interessiere mich für die Denkweise der Japaner.
>
> *Fujiyama to iu no wa gaikokujin no yobikata desu.*
> „Fujiyama" ist eine Benennung (*wörtl.* Rufweise) der Ausländer.
>
> *Ano hito no Nihongo no hanashikata wa amari jōzu dewa arimasen.*
> Die Art und Weise, wie er Japanisch spricht, ist nicht sehr geschickt.

6. なる

Vor なる (= werden) stehende Adjektive erhalten die Endung く (anstelle von い). Alle anderen Wörter werden durch に mit なる verbunden.

> *Shigatsu kara dandan atatakaku narimasu.*
> Ab April wird es allmählich warm/wärmer.
>
> *Jūgatsu kara umi wa dondon tsumetaku narimasu.*
> Ab Oktober wird das Meer rasch kälter.
>
> *Natsu ni naru to, taihen atsui desu yo.*
> Wenn es Sommer wird, ist es sehr heiß.

7. お + い-Basis + に なる

Bezieht sich eine Tätigkeit oder ein Zustand auf den Gesprächspartner oder eine dritte Person, kann man diesen gegenüber Höflichkeit und/oder Respekt bezeugen, indem man für das betreffende Verb folgende Form verwendet: お + い-Basis + に なる. Die Funktion dieser Form ist die gleiche wie die der Höflichkeitsverben oder Verben des Respekts (siehe Lektion 9.C.15 und folgenden Abschnitt 8).

> *Goryōshin wa gaikokugo ga **odeki ni narimasu** ka?*
> Können Ihre Eltern Fremdsprachen/eine Fremdsprache?
>
> *Eigo o **ohanashi ni narimasu** ka?*
> Sprechen Sie Englisch?

8. Höflichkeitsverb *irassharu* für *kuru*

Das Höflichkeitsverb *irassharu* kann man nicht nur anstelle von *iru* (vgl. Lektion 9.C.15), sondern auch von *kuru* verwenden.

> *Miki-san no goryōshin wa itsu goro Berurin ni **irasshaimasu** ka?*
> Wann kommen Ihre Eltern nach Berlin, Herr Miki?

9. Höflichkeitspräfix ご

Die Höflichkeitspräfixe お (siehe Lektion 1.B.13) und ご haben die gleiche Funktion, werden aber mit unterschiedlichen Wörtern verbunden.

> *Miki-san no **goryōshin**.*
> Ihre Eltern, Herr Miki; die Eltern von Herrn Miki.

10. Adjektive mit und ohne です

Adjektive mit darauffolgendem です entsprechen im Höflichkeitsgrad der ます-Form der Verben, ohne です der höflichkeitsneutralen Wörterbuchform.

> *Fuyu wa **samui desu** ga, shigatsu kara dandan atatakaku narimasu.*
> Der Winter ist kalt, aber ab April wird es allmählich wärmer.
> *Chotto **tsuyoi** keredo, oishii desu.*
> Es ist etwas stark, schmeckt aber gut.

11. Wörterbuchform des Verbs + の oder こと

Um aus einem Verb einen substantivischen Ausdruck zu machen, verbindet man seine Wörterbuchform entweder mit der Partikel の oder dem Substantiv こと. Diese Substantivierung des Verbs ist insbesondere immer dann erforderlich, wenn sich das darauffolgende Wort (z.B. すき

oder できる) nur auf ein Nomen oder einen nominalen Ausdruck beziehen kann.

---

*Shumitto-san wa ryokō (o) suru **no** ga suki desu ka?*
Reisen Sie gerne, Herr Schmidt?
*Ryokō (o) suru **no** ni nangatsu ga ichiban ii deshō ka?*
Welches ist die beste Reisezeit? (*Wörtl.* Welcher Monat ist zum
Reisenmachen am besten?)
*Natsu ga oyogu **no** ni ichiban ii to omoimasu.*
Ich glaube, der Sommer ist am besten zum Schwimmen.
*Nangatsu kara nangatsu made oyogu **koto** ga dekimasu ka?*
In welchen Monaten (*wörtl.* von welchem Monat bis zu welchem
Monat) kann man schwimmen?

---

12. の で **und** から

Beide Wörter kennzeichnen Kausalsätze und sind in vielen Fällen gegen-
einander austauschbar. の で ist förmlicher als か ら und wird bevorzugt
in der Schriftsprache verwendet. Während das Verb oder Adjektiv vor
か ら bei höflicher Sprechweise meistens in der höflichen Form steht
(Verben mit ま す, Adjektive mit で す), genügt bei の で in der Regel
die höflichkeitsneutrale Form.

---

*Sensei ga nido yomimasu **kara**, sono ato de kaki nasai.*
Ich lese zweimal. Danach schreibt ihr. / Da ich zweimal lese,
schreibt (erst) danach (d.h. nach dem zweiten Lesen)!
*Koto ni Nihon e ikitai desu ne. Nihonjin no nichijō seikatsu ya kan-
gaekata ni kyōmi o motte imasu **kara**.*
Besonders gern würde ich nach Japan fahren, denn ich interessiere
mich für das Alltagsleben und die Denkweise der Japaner.
*Nihon wa sanzen kiro ni wataru hosonagai kuni desu **kara**, ido ni
yotte kikō ga kanari chigaimasu.*
Weil Japan ein langes, sich über 3000 km Länge erstreckendes Land
ist, ist das Klima je nach dem Breitengrad recht unterschiedlich.
*Shumitto-san wa Nihongo ga kanari dekiru **node**, futari wa Nihongo
de hanashite imasu.*
Weil Herr Schmidt ziemlich (gut) Japanisch kann, unterhalten sich
die beiden auf Japanisch.
*Kyō Osaka kara tomodachi ga kuru **node**, sugu uchi ni kaerimasu.*
Weil heute Freunde aus *Ōsaka* kommen, fahre ich sofort nach
Hause.

13. へ **und** に

Als Postposition zur Bezeichnung eines Ziels oder einer Richtung kann man sowohl へ als auch に verwenden.

> *Nihon **e** ikitai desu ne.*
> Ich würde gern nach Japan fahren.
> *Itsu goro Berurin **ni** irasshaimasu ka?*
> Wann kommen Sie nach Berlin?

14. ぐらい **und** ごろ

Beide Wörter haben die Bedeutung „ungefähr, etwa". Während sich jedoch ぐらい auf eine Menge (auch Entfernung, Zeitdauer usw.) oder auf den Grad oder das Ausmaß (z.B. bei Vergleichen) bezieht, wird ごろ nur in Bezug auf einen Zeitpunkt verwendet.

> *gofun gurai*   ungefähr 5 Minuten
> *onaji gurai*   ungefähr gleich
> *kongetsu no owari goro*   gegen Ende dieses Monats
> *raigetsu no nakaba goro*   etwa Mitte nächsten Monats

15. さむい **und** つめたい

さむい wird nur in Bezug auf das Wetter verwendet. つめたい hingegen bezeichnet sowohl die Temperatur konkreter Dinge (Wasser, Luft usw.) als auch Gefühlskälte.

> *Kesa wa **samui** desu ne.*   Heute morgen ist es kalt.
> *Fuyu wa **samui** desu.*   Der Winter ist kalt.
> *Umi wa **tsumetai** desu.*   Das Meer ist kalt.
> ***Tsumetai** mizu o nomimashō.*   Laßt uns kaltes Wasser trinken.

16. しめる **und** とじる

Beide Wörter sind im Deutschen mit „schließen" zu übersetzen. しめる verwendet man jedoch fast nur in Verbindung mit Fenstern, Vorhängen oder Türen, とじる in den meisten anderen Fällen.

> *Mado o shime nasai!*   Schließt die Fenster!
> *Hon o toji nasai!*   Schließt die Bücher!

17. けれど **und** が

Beide Wörter haben etwa die gleiche Bedeutung und sind in der Regel mit „aber" zu übersetzen. Während jedoch bei höflicher Sprechweise ein vor が stehendes Adjektiv oder Verb die höfliche Satzschlußform mit です oder ます beibehält (so, als wäre der Satz hier zu Ende), kann vor けれど auch die höflichkeitsneutrale Form stehen.

> *Fuyu wa samui desu ga, shigatsu kara dandan atatakaku narimasu.*
> Der Winter ist kalt, aber ab April wird es allmählich wärmer.
>
> *Yōroppa o mitai to itte imasu ga, ...*
> Sie sagen, sie wollen Europa sehen, aber ...
>
> *Chotto tsuyoi keredo, oishii desu.*
> Es ist etwas stark, schmeckt aber gut.

18. *dotchi* **und** *dochira*

Dotchi ist eine etwas umgangssprachlichere Form von *dochira*.

> *Dochira/Dotchi ga ii desu ka?*
> Welches von beiden nehmen Sie?
>
> *Dochira/Dotchi demo kekkō desu.*
> Beides ist mir recht.

19. Die Monatsnamen

Die Monatsnamen bestehen aus den sinojapanischen Zahlen von 1 bis 12 und dem Zusatz がつ (= Monat).

> なんがつ welcher Monat, in welchem Monat
>
> | いちがつ Januar | しちがつ | Juli |
> |---|---|---|
> | にがつ Februar | はちがつ | August |
> | さんがつ März | くがつ | September |
> | しがつ April | じゅうがつ | Oktober |
> | ごがつ Mai | じゅういちがつ | November |
> | ろくがつ Juni | じゅうにがつ | Dezember |

20. ど **mal**

なんど wie oft
まいど jedesmal
こんど diesmal, nächstes Mal
いちど einmal
にど   zweimal
さんど dreimal
よんど viermal   usw.

---

21. Zählung der Tausender

---

nanzen	wieviel Tausend		
sen, issen	1000	*rokusen*	6000
nisen	2000	*nanasen*	7000
sanzen	3000	*hassen*	8000
yonsen	4000	*kyūsen*	9000
gosen	5000	*kyūsen gohyaku*	9500

Die Zahl 1000 wird normalerweise *sen* gesprochen. Will man Verwechslungen und Mißverständnisse ausschließen, kann man auch *issen* (Zusammenziehung aus *ichi + sen*) sagen. (Vgl. im Deutschen „tausend" und „eintausend".)

D. もじ

1. Darstellung der „gebrochenen" Laute

Die bei Lateinumschrift durch einen Konsonanten + *y* + Vokal *a, u* oder *o* (bei der さ - und た -Reihe durch *sha, shu, sho* bzw. *ja, ju, jo* oder *cha, chu, cho*) wiedergegebenen Silben nennt man よ う お ん (= gebrochene Laute). Obwohl diese Laute fonetisch gesehen einer Silbe entsprechen, werden sie mit Hilfe von zwei Silbenzeichen dargestellt: das erste Zeichen wird der い だ ん entnommen, das zweite, kleiner geschriebene der や ぎ ょ う.

Diese klein geschriebenen Zeichen der や ぎ ょ う stehen nicht in der Mitte des jeweiligen (imaginären oder tatsächlich vorhandenen) Kästchens, sondern etwas näher bei dem vorangehenden Silbenzeichen, mit dem zusammen sie eine Silbe bilden. Das heißt, bei waagerechter Schreibweise ist das kleine や, ゆ oder よ auf dem unteren Rand der Zeile etwas nach links versetzt, bei senkrechter Schreibweise am rechten Zeilenrand etwas nach oben.

Die in den よ う お ん auftretenden langen Vokale *ū* und *ō* werden wie auch sonst durch Anfügen des Vokals う markiert.

	や		ゆ		よ	
き	き	や	き	ゆ	き	よ
	kya		*kyu*		*kyo*	
ぎ	ぎ	や	ぎ	ゆ	ぎ	よ
	gya		*gyu*		*gyo*	
し	し	や	し	ゆ	し	よ
	sha		*shu*		*sho*	
じ	じ	や	じ	ゆ	じ	よ
	ja		*ju*		*jo*	
ち	ち	や	ち	ゆ	ち	よ
	cha		*chu*		*cho*	
に	に	や	に	ゆ	に	よ
	nya		*nyu*		*nyo*	

	や		ゆ		よ	
ひ	ひ	や	ひ	ゆ	ひ	よ
	hya		*hyu*		*hyo*	
び	び	や	び	ゆ	び	よ
	bya		*byu*		*byo*	
ぴ	ぴ	や	ぴ	ゆ	ぴ	よ
	pya		*pyu*		*pyo*	
み	み	や	み	ゆ	み	よ
	mya		*myu*		*myo*	
り	り	や	り	ゆ	り	よ
	rya		*ryu*		*ryo*	

2. Schreibung ausländischer Personennamen

Ausländische Personennamen werden im Japanischen ebenso wie Fremdwörter (z.B. *bōru-pen*) und geografische Namen (z.B. *Doitsu*) weitgehend dem auf Silben aufgebauten Lautsystem angepaßt. Sowohl die Aussprache als auch die darauf aufbauende Schreibung in *Katakana* lassen manchmal nur schwer erkennen, um welchen Personennamen es sich handelt. Um den Lernenden an die japanische Aussprache und Schreibweise ausländischer Personennamen zu gewöhnen, werden diese (wie bisher bereits Fremdwörter und geografische Namen) ab der vorliegenden Lektion bis zur Einführung der *Katakana* in Band 2 mit Lateinbuchstaben so geschrieben, wie sie im Japanischen ausgesprochen werden.

Der Name „Schmidt" (natürlich auch „Schmitt") wird japanisch *Shumitto* ausgesprochen; der Vokal *u* ist dabei kaum zu hören.

E. れんしゅう

1. **Setzen Sie die richtigen Partikeln (in *Hiragana*) ein:**
   1. *Dewa, hatsuon ..... renshū ..... kore ..... owari desu.*
   2. *Sono ato ..... yomi nasai.*
   3. *Tsugi ..... kakitori ..... shimashō.*
   4. *Doa ..... shime nasai.*
   5. *Itsumo ..... nōto ..... kaki nasai.*
   6. *Buraun-san ..... Kikuchi-san ..... iu Nihonjin ..... tomodachi.*
   7. *Mado ..... akete ..... ii desu ..... ?*
   8. *Chikatetsu ..... naka ..... tabako ..... sutte ..... ikemasen.*
   9. *Futari ..... Akasaka ..... aru kissaten ..... hanashite imasu.*
   10. *Nihon ..... matsuri ..... kyōmi ..... motte imasu.*
   11. *Honshū ..... 1500 kiro ..... wataru hosonagai shima desu.*
   12. *Mise ..... yotte nedan ..... kanari chigaimasu.*
   13. *Haru ..... naru ..... , tori ..... Hokkaidō ..... kaerimasu.*
   14. *Kugatsu ..... nakaba kara jūgatsu ..... sue made ..... wariai ..... suzushii desu.*
   15. *Katō-san ..... ryokō ..... suru .... suki desu ..... ?*
   16. *Doitsu ..... ryokō ..... suru .... nangatsu ..... ichiban ii deshō ..... ?*
   17. *Shichigatsu ..... hajime kara kugatsu made ..... oyogu .... ichiban ii ..... omoimasu.*
   18. *Eigo ..... ohanashi ..... narimasu ..... ?*

2. **Bilden Sie Fragesätze mit** て も いい です か:
   れい : *Enpitsu de kaku.* → *Enpitsu de kaite mo ii desu ka?*
   1. *Kore o tsukau.*
   2. *Eigo de iu.*
   3. *Jisho o hiku.*
   4. *Tabako o suu.*
   5. *Mado o akeru.*
   6. *Kore o miru.*
   7. *Mado o shimeru.*
   8. *Kono ichigo o taberu.*
   9. *Sake o nomu.*
   10. *Kore kara hon'yaku suru.*

3. **Bilden Sie Sätze mit** て は いけません:
   れい : *Jisho o tsukau.* → *Jisho o tsukatte wa ikemasen.*
   1. *Bōru-pen de kaku.*
   2. *Hon o akeru.*

3. *Jisho o hiku.*
4. *Kyōkasho o miru.*
5. *Chikatetsu no naka de tabako o suu.*
6. *Gakkō de sake o nomu.*
7. *Sono suika o taberu.*
8. *Ōki na koe de hanasu.*
9. *Koko de oyogu.*

4. Bilden Sie den Imperativ mit なさい:

れい : *Hon o tojiru.* → *Hon o toji nasai.*

1. *Hiragana de kaku.*
2. *Mado o akeru.*
3. *Doa o shimeru.*
4. *Ōki na koe de yomu.*
5. *Koko e kuru.*
6. *Kono moji o miru.*
7. *Hayaku suru.*

5. Verwenden Sie bei den Verben das Suffix たい:

れい : *Nihon e **iku**.* → *Nihon e ikitai desu.*

1. *(Watakushi wa) kōcha o **nomu**.*
2. *(Watakushi wa) chokorēto o **taberu**.*
3. *(Watakushi wa) uchi ni **kaeru**.*
4. *(Watakushi wa) **oyogu**.*
5. *(Watakushi wa) sono shōsetsu o **yomu**.*
6. *Buraun-san wa semete ichido Kyōto o **kenbutsu suru** to itte imasu.*
7. *Shumitto-san wa Sapporo no yuki-matsuri o **miru** to yoku itte imasu.*

6. Formen Sie das Verb in ein auf かた **endendes Substantiv um:**

れい : *kangaeru* → *kangaekata*

1. *yobu*   2. *hanasu*   3. *iu*   4. *tsukau*   5. *kaku*   6. *yomu*

7. Bilden Sie Ausdrücke mit なります:

れい : *atatakai* → *atatakaku narimasu*
        natsu → *natsu ni narimasu*

1. *samui*   2. *kugatsu*   3. *tomodachi*   4. *kuroi*   5. *byōki*
6. *suzushii*   7. *kyōshi*   8. *yūmei*   9. *haru*   10. *ōkii*

8. **Verwenden Sie die höfliche Verbform mit お + い-Basis + に なる:**

   れい : *Goryōshin wa gaikokugo ga dekimasu ka?*
        → *Goryōshin wa gaikokugo ga odeki ni narimasu ka?*

   1. *Doitsugo o hanashimasu ka?*
   2. *Roshiago ga wakarimasu ka?*
   3. *Sakana o tabemasu ka?*
   4. *Sake o nomimasu ka?*
   5. *Onamae o koko ni kakimasu ka?*
   6. *Itsu goro aimasu ka?*

9. **Bilden Sie substantivische Ausdrücke mit:**

   a. こ と :

   れい : *Nangatsu kara nangatsu made oyogu .... ga dekimasu ka?*
        → *Nangatsu kara nangatsu made oyogu* **koto** *ga dekimasu ka?*

   1. *Nihongo o jōzu ni hanasu .... wa muzukashii desu.*
   2. *Watakushi wa hon o yomu .... ga suki desu.*
   3. *Watakushi wa kakitori o suru .... ga anmari suki dewa arimasen.*
   4. *Chūgokugo o yomu .... wa dekimasen.*
   5. *Hiragana o kaku .... wa amari muzukashiku arimasen.*

   b. の :

   れい : *Shumitto-san wa ryokō o suru ..... ga suki desu.*
        → *Shumitto-san wa ryokō o suru* **no** *ga suki desu.*

   1. *Ano hito wa oyogu ..... ga suki desu.*
   2. *Itō-san wa gaikokugo o hanasu ..... ga jōzu desu.*
   3. *Watakushi wa terebi o miru ..... ga suki dewa arimasen.*
   4. *Hachigatsu ga oyogu ..... ni ichiban ii to omoimasu.*
   5. *Nihon de ryokō o suru ..... ni haru to aki to dochira ga ii desu ka?*
   6. *Chikatetsu de iku ..... to takushī de iku ..... to dochira ga hayai desu ka?*

10. **Setzen Sie** ぐ ら い **bzw.** ご ろ **ein:**

    1. *mittsu ....*
    2. *itsu ....*
    3. *nido ....*
    4. *sannin ....*
    5. *shichigatsu no hajime ....*
    6. *ikutsu ....*
    7. *ikura ....*
    8. *nannin ....*
    9. *nangatsu ....*

11. Antworten Sie:

1. *Enpitsu de kaite mo ii desu ka?* (ja, bitte)
2. *Tabako o sutte mo ii desu ka?* (ja, bitte)
3. *Jisho o hiite mo ii desu ka?* (nein, Wörterbücher dürfen nicht benutzt werden)
4. *Dare ga Berurin no aru kissaten de hanashite imasu ka?*
5. *Miki-san to Shumitto-san wa doko de aimasu ka?*
6. *Futari wa Eigo de hanashite imasu ka?* (nein, auf Japanisch)
7. *Shumitto-san wa nani ga kanari dekimasu ka?*
8. *Anata wa ryokō o suru no ga suki desu ka?* (ja)
9. *Shumitto-san wa nan ni kyōmi o motte imasu ka?*
10. *Nihon wa nankiro ni wataru hosonagai kuni desu ka?*
11. *Ido ni yotte nani ga chigaimasu ka?*
12. *Nihon wa itsu kara wariai ni suzushiku narimasu ka?*
13. *Nihon de ryokō suru no ni itsu ga ichiban ii desu ka?*
14. *Nihon de wa nangatsu made oyogu koto ga dekimasu ka?*
15. *Miki-san no ryōshin wa nani o yukkuri kenbutsu shitai to itte imasu ka?*

12. Bilden Sie passende Fragen zu folgenden Antworten:

1. *Ii desu yo.*
2. *Hai, dōzo.*
3. *Iie, itsumo no nōto ni kaki nasai.*
4. *Iie, bōru-pen de kaki nasai.*
5. *Iie, koko de tabako o sutte wa ikemasen.*
6. *Kissaten de aimasu.*
7. *Dotchi demo kekkō desu.* (Erdbeeren, Wassermelonen)
8. *Ē, daisuki desu.* (das Reisen)
9. *Ē, suki desu.* (das Schwimmen)
10. *Iie, amari suki dewa arimasen.* (Diktate schreiben)
11. *Ē, kyōmi o motte imasu.* (Alltagsleben und Denkweise der Chinesen)
12. *Kisetsu ni yotte kanari chigaimasu.* (Was kosten Erdbeeren in Japan?)
13. *Haru to aki ga ichiban ii to omoimasu.*
14. *Shichigatsu no hajime kara kugatsu made ga oyogu no ni ichiban ii to omoimasu.*
15. *Raigetsu no hajime goro kuru yotei desu.* (Wann kommen Ihre Eltern nach *Tōkyō*?)
16. *Iie, zenzen dekimasen.* (Sprechen Sie Chinesisch?)

13. Übersetzen Sie:

1. Hiermit ist die Übersetzungsübung beendet.
2. Darf ich das Fenster öffnen? – Ja, bitte.

3. Darf ich es auf Englisch sagen? – Ja, bitte.
4. Dürfen wir rauchen? – Nein, im Klassenzimmer ist das Rauchen nicht erlaubt.
5. Im Unterricht ist es nicht erlaubt, Englisch zu sprechen.
6. Lies bitte etwas schneller.
7. Frau Braun und ihre japanische Freundin Frau *Kikuchi*.
8. Die beiden treffen sich in einem Kaufhaus in *Tōkyō*.
9. Weil Frau *Kikuchi* gut Deutsch kann, unterhalten sich die beiden auf Deutsch.
10. Was paßt Ihnen besser, September oder Oktober? – Beides (= *dotchi*) ist mir recht.
11. Wie finden Sie japanische Mandarinen? – Sie schmecken gut.
12. Lesen Sie gern Bücher? – Ja, sehr gern.
13. Herr *Aoki* reist gerne.
14. Welche Monate sind am besten für eine Reise durch Japan? – Hmm. Ich denke, Frühling und Herbst sind am besten.
15. Kann man im Oktober noch schwimmen? – Ja, auf *Kyūshū* und den südlich davon gelegenen Inseln.
16. Welche Monate sind am besten zum Schwimmen? – Ich glaube, Juli bis September.
17. Wie ist das Klima in Korea? – Die Winter sind ziemlich kalt, die Sommer sehr heiß.
18. Juli und August sind verhältnismäßig warm.
19. Ab welchem Monat wird es warm? – Ab April.
20. Ich möchte Musiker werden.
21. Die japanischen Äpfel sind verhältnismäßig teuer.
22. Die Preise sind je nach Geschäft recht unterschiedlich.
23. Ich möchte gern den Roman (von dem die Rede ist) lesen.
24. Ich lese gern Romane.
25. Interessieren Sie sich für Japan? – Ja, besonders für die japanische Sprache und die Schriftzeichen.
26. Ich möchte wenigstens einmal *Kyōto* sehen.
27. Dies (= die bevorstehende) ist meine erste Auslandsreise.
28. Wann ungefähr kommen Ihre Eltern? – Es ist geplant, daß sie etwa Anfang nächsten Monats kommen.
29. Sprechen Ihre Eltern Englisch? – Ja, sie sprechen fließend Englisch.
30. Verstehen Sie Chinesisch? – Nein, überhaupt nicht.

14. Schreibübungen

Schreiben Sie die folgenden Übungen in *Hiragana* auf Papier mit quadratischen Feldern.

a. ようおん

Schreiben Sie Silben aus der Tafel in Abschnitt D.1.

b. ようおん **mit langem Vokal**

Schreiben Sie folgende よ う お ん mit langem Vokal:

nyū, myō, kyū, gyū, hyō, byō, pyū, chō, shū, jō, ryū, gyō, chū, nyō, ryō, jū.

c. Wörter und Namen

Schreiben Sie folgende Wörter und Namen aus den Lektionen 1 bis 10:

ryokō, ryōshin, jimusho, kyōmi, jugyō, nihyaku, sanbyaku, hisho, shimashō, shuto, fukushū, kyōshi, chairo, jisho, nichijō, jūgatsu, shashin, saisho, shōsetsu, Kyōto, Tōkyō.

d. Sätze

Schreiben Sie folgende Sätze mit Vokabeln aus den Lektionen 1 bis 10:

1. *Saisho ni moji no renshū desu.*
2. *Jugyō o tsuzukemashō.*
3. *Kore kara fukushū o shimashō.*
4. *Kyōshi wa shōsetsu o yomimasu.*
5. *Hisho no chairo no jisho.*
6. *Ryokō no shashin o mimashō.*
7. *Ryōshin no jūninin no okyakusan.*
8. *Chōdo gojū en desu.*
9. *Yūbinkyoku wa teiryūjo kara chikai desu.*

15. Lese-, Übersetzungs- und Transkriptionsübung

Lesen und übersetzen Sie folgende Sätze; schreiben Sie sie in Lateinschrift:

1. とうきょう は にほん の しゅと です。
2. かいしゃいん は きょうと へ いきます。
3. あの じゃがいも は ちゃいろ です。
4. きょう は じゅうにん の おきゃくさん
   が くる よてい です。
5. ゆうびんきょく の まえ に ていりゅうじ
   ょ が あります。
6. その しょうせつ は ちょうど せんきゅう
   ひゃく えん です。

7. きゅうしゅう から ちょうせん と ちゅう
ごく へ りょこう します。

だい 11 か
しゅみ

いとう　「さいきん　ずいぶん　あつく　なりました
　　　　ね。」

たなか　「そう　です　ね。　まど　を　あけましょう
　　　　か。」

いとう　「ええ、　でも、　そと　が　ちょっと　うるさ
　　　　い　です　から ……
　　　　きのう　およぎ　に　いきました　か。」

たなか　「いいえ、　しけん　が　あった　ので、　いき
　　　　ません　でした。　よる　すこし　やきゅう　を
　　　　しました。」

いとう　「たながさん　は　しゅみ　が　たくさん　あり
　　　　ます　ね。」

たなか　「ええ、　まあ、　この　ほか　に　え　を　か
　　　　く　ぐらい　です。　それ　に　ねる　まえ　に
　　　　おんがく　を　きく　の　が　すき　です。」

いとう　「たなかさん　は　じぶん　で　も　なに　か
　　　　がっき　を　やります　か。」

たなか　「ええ、　しゃくはち　を　ならって　います。
　　　　でも、　おもった　より　むずかしい　し　な
　　　　かなか　うまく　なりません。　いとうさん　は
　　　　どんな　しゅみ　を　もって　います　か。」

いとう　「そう　です　ね。　わたし　は　しゃしん　を
　　　　とる　の　が　すき　です　し　し　を　かく
　　　　こと　も　たま　に　あります。
　　　　ところ　で、　おととい　うえの　はくぶつかん

の　てんらんかい　に　いきました　が、　はい
る　まで　に　いちじかん　いじょう　まちまし
た。」

たなか　「てんらんかい　は　どう　でした　か。」

いとう　「とても　すばらしかった　です　よ。　もう
いちど　み　に　いきたい　と　おもいます。」

A.　あたらしい　ことば 🔘🔘

しゅみ	Hobby	いきません でした	(Vergangenheitsform von いきません)
さいきん	in letzter Zeit	よる	Nacht, Abend; in der
ずいぶん	ziemlich, recht, sehr		Nacht, am Abend
-ました	(Vergangenheitsform von ます)	やきゅう	Baseball
		しました	(Vergangenheitsform von します)
なりました	wurde, ist geworden	かく	malen
あつく なり ました	es ist heiß geworden	え を かく	(Bilder) malen
あけましょう か	soll ich öffnen?	ねる まえ に	vor dem Schlafengehen
でも	aber	おんがく	Musik
そと	draußen	きく	hören
うるさい	laut, lästig	じぶん	Selbst
きのう	gestern	じぶん で	selbst
... に い く	gehen, um zu ...; zum ... gehen	なに か	(irgend)ein
		がっき	Musikinstrument
およぎ に いく	schwimmen gehen	やる	= する
		がっき を やる	ein Musikinstrument spielen
しけん	Prüfung, Examen		
-た	(Suffix bei Vergangenheit)	しゃくはち	japan. Bambusflöte
あった	(Vergangenheitsform von ある)	おもった	(Vergangenheitsform von おもう)
でした	(Vergangenheitsform von です)	おもった よ り	mehr als gedacht
-ません で した	(Vergangenheitsform bei Negation)	おもった よ り むずか しい	schwieriger als gedacht

し	und	ぶつかん	seum
なかなか (+ Neg.)	gar nicht, kaum	てんらんかい	Ausstellung
うまい	=じょうず	はいる	eintreten, hinein-gehen
わたし	(umgangssprach-lichere Form von わたくし)	はいる まで に	bis ich hineinkam
とる	(fotografisch) auf-nehmen	いちじかん	eine Stunde
		いじょう	mehr als, über
しゃしん を とる	fotografieren	いちじかん いじょう	mehr/länger als ei-ne Stunde
し	Gedicht	まつ	warten
ことがある	vorkommen	とても	=たいへん
		すばらしい	prächtig, großartig
たま に	gelegentlich	-かった	(Vergangenheit an-zeigendes Suffix)
おととい	vorgestern	すばらしかった です	es war großartig
うえの	(Stadtteil in Tōkyō)	み に いく	gehen, um zu sehen
はくぶつかん	Museum	-たい と おもう	vorhaben/beabsich-tigen, etwas zu tun
うえの はく	das Ueno-Mu-		

B.　れいぶん

1. おととい　えき　で　いちじかん　いじょう　まちました。
   Vorgestern habe ich über eine Stunde auf dem Bahnhof gewartet.

2. きくちさん　は　きょうし　に　なりました。
   Frau *Kikuchi* ist Lehrerin geworden.

3. きくちさん　は　きょうし　に　なった　そう　です。
   Frau *Kikuchi* soll Lehrerin geworden sein.

4. きくちさん　が　きょうし　に　なった　の　は　なんがつ　でした　か。
   In welchem Monat wurde Frau *Kikuchi* Lehrerin?

5. かとうさん　は　きょうし　に　なりません　でした。
   Herr *Katō* ist nicht Lehrer geworden.

6 ・ あの ひと は びょうき に なった ので、 く
る こと が できません でした。

Weil er krank wurde, konnte er nicht kommen.

7 ・ あの ひと は にほんご を ずいぶん うまく
はなした そう です。

Er soll sehr gut Japanisch gesprochen haben.

8 ・ あの かた は さいきん にほんご が ずいぶん
うまく なりました。

Sein Japanisch ist in letzter Zeit sehr gut geworden.

9 ・ きのしたさん に は たくさん の しゅみ が
あった そう です。

Herr *Kinoshita* soll viele Hobbys gehabt haben.

10 ・ いちじかん いじょう まった と いいました。

Sie sagte, sie habe über eine Stunde gewartet.

11 ・ おととい とった しゃしん を みたい です。

Ich möchte gern die vorgestern aufgenommenen Fotos sehen.

12 ・ あした およぎ に いきたい と おもいます。

Ich habe vor, morgen schwimmen zu gehen.

13 ・ てんらんかい を み に いきました か。 ―
いいえ、 いきません でした。

Haben Sie sich die Ausstellung angesehen? – Nein, ich bin nicht hinge-
gangen.

14 ・ おもった より おいしかった です。

Es schmeckte besser, als ich gedacht hatte.

15 ・ かなり よかった と おもいます。

Meiner Meinung nach war es ziemlich gut.

16 ・ あんまり ちいさかった ので、 いつつ たべました。

Weil sie sehr klein waren, habe ich fünf (davon) gegessen.

17 ・ きょうと は どう でした か。 ― おもった
より すばらしかった です。

Wie hat Ihnen *Kyōto* gefallen? – (Noch) prächtiger, als ich mir vorgestellt hatte (*wörtl.* als ich gedacht hatte).

18 ・ うみ は つめたかった です か。 ― いいえ、
あんまり つめたく ありません でした。

War das Meer kalt? – Nein, es war nicht besonders kalt.

19 ・ たま に てんらんかい に いく こと が あり
ます。

Es kommt hin und wieder vor, daß ich in eine Ausstellung gehe.

20 ・ たなかさん は たま に わたし の ところ に
やきゅう を し に きます。

Herr *Tanaka* kommt gelegentlich zu mir, um mit mir Baseball zu spielen.

21 ・ さとうさん は しゃくはち を ならって います
し、 えいご も ならって います。

Herr *Satō* lernt *Shakuhachi* und Englisch.

22 ・ わたし は え を かく の が すき です
し、 てんらんかい を み に いく こと も
すき です。

Ich male gern und gehe gern in Ausstellungen.

C. ぶんぽう

1. Vergangenheitsform der Verben mit た

Die höflichkeitsneutrale Vergangenheitsform ist ebenso wie die て-Form
aus der い-Basis der Verben abgeleitet. Man bildet die Vergangenheitsform am einfachsten, indem man die て／で-Endung der て-Form
durch た／だ ersetzt. (Vgl. auch Lektion 9.C.8.)

Im Höflichkeitsgrad entspricht diese Vergangenheitsform der (ebenfalls
höflichkeitsneutralen) Wörterbuchform.

a. いちだん-Verben

だん	て-Form	Vergangenheitsform mit た
い	みて	みた
え	たべて	たべた

b. ごだん -Verben

ぎょう	て-Form	Vergangenheitsform mit た
あ	いって	いった
か	かいて	かいた
	いって	いった
	およいで	およいだ
さ	はなして	はなした
た	もって	もった
な	しんで	しんだ
は	よんで	よんだ
ま	よんで	よんだ
ら	あって	あった

c. Unregelmäßige Verben

て-Form	Vergangenheitsform mit た
して	した
きて	きた

d. です

höflichkeitsneutrale Präsensform	höflichkeitsneutrale Vergangenheitsform
だ	だった

Die Bildung der höflichen Vergangenheitsform von です und der auf
ます endenden Verben erfolgt wie bei den ごだん-Verben in der
さぎょう durch Umwandlung der Silbe す in し und Anfügen von た:

です → でした

いきます → いきました

します → しました

きます → きました

いって います → いって いました

Die Endung ません wird in der Vergangenheitsform zu ません
でした:

いきません → いきません でした

Beispielsätze siehe Abschnitt B.1–11, 13, 14, 16, 17.

2. Vergangenheitsform der Adjektive

Die höflichkeitsneutrale Vergangenheitsform prädikativ verwendeter Adjektive bildet man, indem man die Schlußsilbe い durch かった ersetzt.
Wie auch im Präsens erhält man die höfliche Form durch den Zusatz です.

とても すばらしかった です よ。
Es war ganz ausgezeichnet.
おもった より おいしかった です。
Es schmeckte besser, als ich gedacht hatte.
かなり よかった* と おもいます。
Meiner Meinung nach war es ziemlich gut.
あんまり ちいさかった ので、 いつつ たべ
ました。
Weil sie sehr klein waren, habe ich fünf (davon) gegessen.

---

* Die Vergangenheitsform von いい ist identisch mit der von よい: よか
った.
In der Negation bildet man die höfliche Vergangenheitsform durch Anfügen von く ありません でした an den Stamm des Adjektivs.

うみ は つめたかった です か。 — いい
え、 あんまり つめたく ありません でした。
War das Meer kalt? – Nein, es war nicht besonders kalt.

Vgl.: つめたい　です。→　つめたく　ありません。

　　　つめたかった　です。→　つめたく　ありません
　　　　　　　　　　　　　　　　　　でした。

Für Quasi-Adjektive als unveränderliche Wörter gibt es keine Vergan-
gangenheitsform. Die Vergangenheit wird durch でした (höflich) bzw.
だった (höflichkeitsneutral) angezeigt.

きれい　です　→　きれい　でした
きれい　だ　→　きれい　だった

---

3. ましょう　か

Mit ましょう　か schlägt man jemandem in Frageform vor, etwas zu
tun. Dabei kann es sich entweder um ein gemeinsames Tun handeln (vgl.
Abschnitt 9.C.5) oder um eine Handlung nur des Sprechers.

まど　を　あけましょう　か。
Soll ich/Wollen wir das Fenster öffnen?

---

4. い-**Basis +** に **+ Verb der Bewegung**

Wie wir in Lektion 10 gesehen haben, kann die Partikel に zur Bezeichnung eines Zwecks dienen: りょこう　を　する　の　に = zum
Reisen, およぐ　の　に = zum Schwimmen.

Eine ähnliche Funktion, nämlich Zweck oder Ziel einer Bewegung anzu-
geben, erfüllt die Partikel に in Verbindung mit der い-Basis eines vor
に stehenden Verbs und einem auf に folgenden Verb der Bewegung.

きのう　およぎ　に　いきました　か。
Sind Sie gestern schwimmen gegangen?

もう　いちど　み　に　いきたい　と　おもい
ます。

Ich habe vor, sie mir noch einmal anzusehen.
(*Wörtl.* ... noch einmal zu gehen, um zu sehen)

---

5. たい　です **und** たい　と　おもう

Während man mit たい　です den *Wunsch* ausdrückt, etwas zu tun
(vgl. Abschnitt 10.C.4), liegt bei der Verbindung たい　と　おもう
die Betonung stärker auf der *Absicht*.

いきたい　です

ich möchte gern gehen/fahren

いきたい　と　おもいます

ich habe vor/beabsichtige, zu gehen/fahren

---

6. Konjunktion し

Die Konjunktion し dient der Verknüpfung von Sätzen und Satzteilen
(nicht Wörtern!). Meistens handelt es sich um eine Aufzählung von Sätzen
oder Satzteilen mit ähnlichem Inhalt. Der Aufzählungscharakter wird dabei häufig durch die Verwendung der Partikel も unterstrichen. し ist
meistens mit „und" zu übersetzen, insbesondere in zweigliedrigen Sätzen
auch mit „und außerdem", „sowohl ... als auch" (bei Negation „weder ...
noch") oder „nicht nur ... sondern auch".
Der vor し stehende Satzteil kann, wie aus dem ersten der drei unten aufgeführten Beispielsätze ersichtlich ist, eine Begründung für die darauf folgende Aussage darstellen.

でも　おもった　より　むずかしい　し、　なかなか
うまく　なりません。

Es ist aber schwieriger, als ich gedacht habe, und (dementsprechend) mache ich kaum Fortschritte (*wörtl.* werde ich nicht gut).

わたし　は　しゃしん　を　とる　の　が　すき　で
す　し、　し　を　かく　こと　も　たま　に　あり
ます。

Ich fotografiere gerne und schreibe gelegentlich Gedichte.

たなかさん　は　しゃくはち　を　ならって　います
し、　おんがく　を　きく　こと　も　すき　です。

Herr *Tanaka* lernt *Shakuhachi* und hört gern Musik.

---

7. こ と が あ る

Ähnlich wie in こ と が で き る (= können) und anderen Fällen, in denen es lediglich als Mittel zur Substantivierung eines Verbs dient, ist in こ と が あ る (= vorkommen) der eigentliche Sinn des Wortes こ と verlorengegangen. Es hat in diesen Wendungen fast nur noch eine grammatische Funktion.

し を か く こ と も た ま に あ り ま す。

Es kommt gelegentlich auch vor, daß ich Gedichte schreibe.

た ま に て ん ら ん か い に い く こ と が あ り ま す。

Es kommt hin und wieder vor, daß ich eine Ausstellung besuche.

---

8. ぐ ら い **und** ほ ど

ぐ ら い und ほ ど bezeichnen ein ungefähres Ausmaß. Diese Grundbedeutung muß man sich vor Augen halten, will man die oft schwer nachvollziehbare Verwendung dieser Wörter verstehen.

そ の ほ か に え を か く ぐ ら い で す。

Außerdem male ich nur. (Das <u>ungefähr</u> sind meine Hobbys.)

そ れ ほ ど む ず か し く も あ り ま け ん。

So (*wörtl.* in solchem Ausmaße) schwierig ist es auch nicht.

D. も じ

Darstellung der „gespannten" Laute

Die sog. gespannten Laute (japanisch: そ く お ん) werden in Lateinumschrift durch Doppelkonsonanten (bei *ch* durch *tch*) wiedergegeben. In *Hiragana* stellt man diese そ く お ん durch ein kleines つ vor dem betreffenden konsonantischen Anlaut dar. Man schreibt das Zeichen wie die kleinen や , ゆ und よ unten (bei Senkrechtschreibung rechts) etwa auf der gleichen

Höhe wie alle anderen Zeichen, im Gegensatz zu den genannten drei klein geschriebenen Zeichen jedoch etwa in der Mitte zwischen dem vorangehenden und dem folgenden Zeichen.

だん／ぎょう	あ	い	う	え	お
か	っか	っき	っく	っけ	っこ
	-kka	-kki	-kku	-kke	-kko
さ	っさ	っし	っす	っせ	っそ
	-ssa	-sshi	-ssu	-sse	-sso
た	った	っち	っつ	って	っと
	-tta	-tchi	-ttsu	-tte	-tto
は	っぱ	っぴ	っぷ	っぺ	っぽ
	-ppa	-ppi	-ppu	-ppe	-ppo

Mit Hilfe der 46 *Hiragana*-Silbenzeichen aus der 50-Laute-Tafel, der vier hieraus entnommenen, aber in kleinerer Schrift gehaltenen Silbenzeichen や, ゆ, よ und っ sowie der beiden diakritischen Zeichen ゛und ゜ kann man jeden beliebigen japanischen Text schreiben. Ab dieser Lektion sind alle Texte, Vokabeln, Beispielsätze wie auch einzelne japanische Wörter und Silben in *Hiragana* geschrieben.

E.   れんしゅう

1. Bilden Sie die Vergangenheitsform mit ました：

   れい： てんらんかい に いく。

   → てんらんかい に いきました。

1 . かとうさん は それ を なん と よぶ か。

2 . ふたり は きっさてん で あう。

3 . がっこう の ちかく に ある。

4 . こども も いる。

5. いちじかん　いじょう　およぐ。

6. かとうさん　の　ねこ　が　しぬ。

7. たなかさん　の　りょうしん　は　とうきょう　に　いらっしゃる。

8. にほんご　で　はなす。

9. せんせい　の　しつもん　に　こたえる。

10. たなかさん　は　やきゅう　を　する。

11. いとうさん　は　ながく　まつ。

12. せいと　は　ぶんしょう　を　かく。

13. せんせい　は　きょうしつ　に　はいる。

14. あの　ひと　は　なんがつ　に　くる　か。

15. どの　しんぶん　を　よむ　か。

16. その　てんらんかい　を　みる。

17. さいきん　さむく　なる。

18. 「ありがとう　ございました」　と　いう。

19. 「おはよう　ございます」　と　あいさつ　する。

2. Bilden Sie die Vergangenheitsform mit ません　でした:

れい：　てんらんかい　に　いく。

→　てんらんかい　に　いきません　でした。

1. てんらんかい　に　はいる。

2. てんらんかい　を　みる。

3. きくちさん　は　ごがつ　も　ろくがつ　も　ここ　に　くる。

4. かなり　ながく　まつ。

5. その　もじ　を　かく。

6. ここ　に　ある。

7. えいご　を　はなす。

8. なに　か　いう。

9. だれ　か　あいさつ　する。

3. **Bilden Sie die Vergangenheitsform mit** た：

れい：　しけん　が　ある。

→しけん　が　あった。

1. だれ　か　いる。

2. え　を　かく。

3. きっさてん　で　あう。

4. 「わたし　だ」　と　いう。

5. てんらんかい　に　いく。

6. しちがつ　から　くがつ　まで　およぐ。

7. さけ　を　のむ。

8. こども　を　よぶ。

9. ねこ　が　しぬ。

10. にほんご　で　はなす。

11. あの　ひと　は　きょうし　だ。

12. てんらんかい　を　みる。

13. ながく　まつ。

14. すし　を　たべる。

15. ひらがな　を　ならう。

16．おおきく　なる。

17．まど　を　あける。

18．へや　に　はいる。

19．いきたい　と　おもう。

20．やきゅう　を　する。

21．はる　が　くる。

4. **Bilden Sie die Vergangenheitsform mit** かった：

れい：　とても　むずかしい　です　よ。

→ とても　むずかしかった　です　よ。

1．うみ　は　つめたい　です　か。

2．おもった　より　おいしい　です。

3．かなり　むずかしい　と　おもいます。

4．あまり　たかい　ので、　ひとつ　しか　かいません。

5．しがつ　は　さむい　です。

6．しけん　は　やさしい　です。

7．それ　は　とても　いい　です。

5. **Bilden Sie die Vergangenheitsform in der Negation mit**
く　ありません　でした：

れい：　かなり　つめたかった　です。

→ あんまり　つめたく　ありません　でした。

1．この　りんご　は　たかかった　です。

2．しけん　は　むずかしかった　です。

3．ろくがつ　は　あつかった　です。

4． みかん　は　おいしかった　です。

5． それ　は　よかった　です。

6． ええ、　やさしかった　です。

7． その　たてもの　は　かなり　おおきかった
です。

6. Reihen Sie Sätze mit der Konjunktion し unter Verwendung von
こと　も　たま　に　あります **im zweiten Satz:**

れい：　しゃしん　を　とる、　し　を　かく
→　しゃしん　を　とる　の　が　すき
です　し、　し　を　かく　こと　も
たま　に　あります。

1． およぐ、　やきゅう　を　する

2． ほん　を　よむ、　てんらんかい　に　いく

3． おんがく　を　きく、　しゃしん　を　とる

7. Verwenden Sie die Form たい　と　おもう：

れい：　てんらんかい　を　み　に　いく。
→　てんらんかい　を　み　に　いきたい
と　おもいます。

1． おんがくか　に　なる。

2． あした　およぎ　に　いく。

3． これ　から　おんがく　を　きく。

4． なに　か　がっき　を　ならう。

5． その　てんらんかい　で　しゃしん　を　とる。

6． それ　を　じぶん　で　みる。

7． あと　で　さけ　を　のみ　に　いく。

8. Antworten Sie:

1・たなかさん は どうして およぎ に いきませ
ん でした か。

2・たなかさん は よる なに を しました か。

3・たなかさん は どんな しゅみ を もって い
ます か。

4・たなかさん は ねる まえ に なに を する
の が すき です か。

5・たなかさん は じぶん で も なに か がっ
き を やります か。

6・たなかさん は どんな がっき を ならって
います か。

7・たなかさん は しゃくはち が うまい です
か。

8・いとうさん は どんな しゅみ が あります
か。

9・いとうさん は おととい どこ に はいる ま
で に ながく まちました か。

9. Übersetzen Sie:

1. In letzter Zeit ist es kalt geworden, finden Sie nicht auch? – Ja, soll ich das Fenster schließen?
2. Gestern bin ich in eine Ausstellung gegangen.
3. Die beiden Freunde sind *Sake* trinken gegangen.
4. Frau *Itō* ist nach *Ueno* gefahren, um die großartige Ausstellung zu sehen.
5. Weil er eine Prüfung hatte, konnte er nicht kommen.
6. Da ich gestern Unterricht hatte, bin ich nicht (hin)gefahren, um zu fotografieren.
7. Es war leichter als gedacht.
8. Er sprach besser (うまい) Japanisch, als ich gedacht hatte.

9. Ich habe vor, Japanisch zu lernen.
10. Herr *Tanaka* schwimmt gern, und es kommt auch gelegentlich vor, daß er Baseball spielt.

10. Schreibübungen

Schreiben Sie die beiden folgenden Übungen mit Vokabeln aus den Lektionen 1 bis 11 in *Hiragana* auf Papier mit quadratischen Feldern.

a. Wörter und Namen

dai-ikka, gakki, kekkō, zasshi, kesseki, atta, mittsu, motto, ippiki, Nippon, gakkō, chotto, yukkuri, kissaten, omotta, naratte, irassharu, kakko, dotchi, zutto, Hokkaidō, Sapporo, roppyaku, issen, itchōme.

b. Sätze

1. *Tanakasan wa gakki o naratte imasu.*
2. *Gakkō wa omotta yori tōi desu.*
3. *Sapporo wa Hokkaidō ni arimasu.*
4. *Ippiki wa chōdo sen en de, mō ippiki wa roppyaku en desu.*
5. *Ano kissaten wa chotto takai desu.*
6. *Kono zasshi to sono zasshi to dotchi ga ii deshō ka?*
7. *Aoyama itchōme wa mittsume no eki desu.*
8. *Mō sukoshi yukkuri itte kudasai.*
9. *Sensei wa shōgakkō ni irasshaimashita.*

11. Lese-, Übersetzungs- und Transkriptionsübung

Lesen und übersetzen Sie folgende Sätze; schreiben Sie sie in Lateinumschrift:

1. しけん は おもった より むずかしかった です。
2. さっぽろ は ほっかいどう で いちばん おおきい とし です。
3. あおやま いっちょうめ と あかさか みつけ と どっち が ここ から ちかい です か。
4. ふたり の ちゅうごくじん は にっぽんご を ならって います。
5. かとうさん は がっき を やって いる し え を かく こと も じょうず です。

6．せいと　は　びょうき　だった　ので、　けっせき　し
ました。

7．もう　いちど　きょうと　を　ゆっくり　けんぶつ　し
に　いらっしゃいません　か。

12.   Übung der あいうえお -Ordnung

Schreiben Sie die folgenden Wörter in あいうえお -Reihenfolge:

きょう、　かき、　かべ、　ちょっと、　きょうし、　かっ
て、　がっき、　あった、　きゃく、　かっこ、　あつい、
ぎょう、　から、　かぎ、　あまり、　がっこう、　ちょう
ど、　かなり、　かく、　ぎゅうにゅう、　かばん。

Japanisch-deutsches Vokabelregister

ā	ach	1
ageru	geben	9
rei o ageru	Beispiele anführen	9
aida	zwischen	8
(no) aida (ni)	zwischen	8
aisatsu	Gruß, Begrüßung	9
aisatsu suru	(be)grüßen	9
Ajia	Asien	7
Higashi-Ajia	Ostasien	7
akai	rot	2
Akasaka	(Stadtteil in *Tōkyō*)	4
Akasaka-Mi-	(U-Bahnhof)	4
tsuke		
akemashō ka?	soll ich öffnen?	11
akeru	öffnen	9
aki	Herbst	10
Akiko	(weibl. Vorname)	4
amari (+ Neg.)	zu (viel/sehr); nicht besonders	3
Amerikajin	Amerikaner(in)	6
anata	Sie	1
anmari (+ Neg.)	zu (viel/sehr); nicht besonders	4
ano	das dort	2
ano hito	die Frau/der Mann dort	9
ano kata	die Dame/der Herr dort	9
aoi	blau, grün	2
Aoki	(Familienname)	4
Aoyama	(Stadtteil in *Tō-kyō*)	4
Aoyama 1-chō-me	Aoyama, 1. Block (U-Bahnhof)	4
are	das (dort)	1
Arigatō gozai-masu!	Danke!	4
arimasen	nicht da/vorhanden sein; es gibt nicht	2
dewa arima-sen	nicht sein	1
arimasu	da/vorhanden sein, es gibt	2

koto ga aru	es kommt vor, daß	11
arimasu	(hier:) haben	6
aru	(irgend) ein	10
aru kissaten de	irgendwo in einem Café	10
ashita	morgen	4
asoko	dort	4
atarashii	neu	3
atatakai	warm	7
atatakaku naru	warm werden	10
ato (de)	später, danach	9
sono ato	danach	10
ato (no)	die anderen, die übrigen	6
atsui	dick	2
atsui	heiß	10
atsuku narima-shita	es ist heiß gewor-den	11
atta	war, es gab	11
au	treffen	10
banana	Banane	5
bangō	Nummer	3
denwa bangō	Telefonnummer	3
basho	Platz, Ort	3
basu	Bus	4
batā	Butter	5
bēkarī	Bäckerei, Kondito-rei	5
Berurin	Berlin	10
bōru-pen	Kugelschreiber	1
bunpō	Grammatik	9
bunshō	Satz	9
byōki	Krankheit; krank	9
byōki desu	ist krank	9
chairo	braun	2
chi	Blut	9
hanaji	Nasenbluten	9
chigaimasu	anders sein; falsch	8
chotto chigai-masu	falsch, nicht ganz richtig	8
kanari chi-gau	ziemlich unter-schiedlich sein	10

chihō	Gegend, Gebiet	10
chiisai	klein	2
chikai	nahe	4
chikaku ni	in der Nähe	4
chikatetsu	U-Bahn	4
chintsūzai	schmerzstillendes Mittel	5
chizu	(Land-)Karte, (Stadt-)Plan	7
Nihon no chizu	Karte von Japan	7
chīzu	Käse	5
chō	Häuserblock	4
Aoyama 1-chōme	Aoyama, 1. Block	4
chōdo	genau	5
chokorēto	Schokolade	5
Chōsen	Korea	7
Kita-Chōsen	Nordkorea	7
Chōsen hantō	die korean. Halbinsel	7
chotto	etwas, ein wenig	5
chotto chigaimasu	falsch, nicht ganz richtig	8
chotto takai	etwas (zu) teuer	5
chotto wakarimasen	ich verstehe nicht ganz	9
Chūgoku	China	7
da	(höflichkeitsneutr. Form von desu)	7
dai	(Präfix bei Ordnungszahlen)	1
dai-ichi	Nr. 1, der erste	1
dai-ikka	Lektion 1, 1. Lektion	1
daikon	Rettich	5
dai-ni-ka	Lektion 2	2
dai-san-ka	Lektion 3	3
daisuki (desu)	sehr gern haben/ mögen/tun	10
daitoshi	Großstadt	8
dake	nur	5
Sore dake desu.	Das wär's.	5
dandan	allmählich, nach und nach	10
dango	(Reis-)Kloß	8
Hana yori dango.	Lieber Klöße als Blumen.	8
dare	wer	1
dare ka	jemand	6
dare mo (+ Neg.)	niemand	6
de	in, bei	4
no naka de	in, im Inneren	4
uchi de	zu Hause	4
no naka de	von, unter	8
no uchi de	von, unter	8
aru kissaten de	irgendwo in einem Café	10
de	mit	4
Nihongo de	auf Japanisch	9
Doitsugo de	auf Deutsch	9
kore de	hiermit	10
de	(te-Form von desu)	6
de (wa)	(hier:) von	8
dekiru	können	9
gaikokugo ga dekiru	eine Fremdsprache können	10
odeki ni naru	können (höflich)	10
dekiru dake	möglichst	9
demo	aber	11
denwa	Telefon	3
denwa bangō	Telefonnummer	3
jitaku no denwa bangō	private Telefonnummer	3
depāto	Kaufhaus	4
deru	hinausgehen	9
hanaji ga deru	Nasenbluten haben	9
deshita	(Vergangenheitsform von desu)	11
ikimasen deshita	ich bin nicht gegangen	11
desu	sein	1
dewa	nun; nun denn	1
de (wa)	(hier:) von	8
dewa arimasen	nicht sein	1
-do	-mal	9

ichido	einmal	9
mō ichido	noch einmal	9
nido	zweimal	10
dō	wie	5
Kore wa dō desu ka?	Wie wäre es hiermit?	5
Sore wa dō iu imi desu ka?	Was bedeutet das?	9
dō deshita ka	wie war (es)	11
dō desu ka	wie wäre es	5
dō desu ka	wie ist	11
Dō itashimashite!	Bitte!	4
dō iu imi	welche Bedeutung	9
doa	Tür	2
dōbutsu	Tier	6
dochira	welcher/welches (von zweien)	8
dochira ga ōkii desu ka	welches (von zweien) ist größer	8
Doitsu	Deutschland	7
Doitsugo de	auf Deutsch	9
Doitsujin no tomodachi	deutscher Freund	10
doko	wo	4
doko e	wohin	4
dokushin	Ledige(r), Alleinstehende(r)	6
dōmo	wirklich	4
Dōmo arigatō gozaimashita!	Haben Sie vielen Dank!	4
donata	wer	1
dondon	rasch, schnell	10
donna	was für ein	2
dono	welches	2
dore	welches	1
dōshite	warum	9
Dōshite desu ka?	Warum?	9
dotchi	welcher/welches (von zweien)	10
dotchi demo	beides	10
Dotchi demo kekkō desu.	Beides ist mir recht.	10

e	Bild, Gemälde	1
e o kaku	malen	11
e	nach	4
uchi e	nach Hause	4
ē	ja	1
eki	Bahnhof	4
Tōkyō eki	*Tōkyō* Hauptbahnhof	4
en	Yen	5
enpitsu	Bleistift	2
fū	Art, Weise	9
to iu fū ni tsukaimasu	man benutzt es auf folgende Weise	9
Fuji-san	der Berg *Fuji*	8
Fujiyama	(falsche Lesung für *Fuji-san*)	8
fukushū	Wiederholung	3
fukushū o shimasu	wiederholen	3
furimasu	fallen	7
yuki ga furimasu	es schneit	7
furui	alt	3
futari	zwei, beide (Personen)	6
futari	die beiden	10
futatsu	zwei	2
fuyu	Winter	7
ga	(Subjekt-Partikel)	2
hanaji ga deru	Nasenbluten haben	9
zutsū ga suru	Kopfschmerzen haben	9
kotoba ga jōzu da	(eine Sprache) gut sprechen	9
koto ga dekiru	können	10
gaikokugo ga dekiru	eine Fremdsprache können	10
ga	und, aber	3
(ga) daisuki (desu)	sehr gern haben/ mögen/tun	10
(ga) suki (desu)	(jn./etwas) lieben, mögen	6

gaikoku	Ausland	8
gaikoku ryokō	Auslandsreise	10
gaikokugo	Fremdsprache	10
gaikokugo ga dekiru	eine Fremdsprache können	10
gaikokujin	Ausländer	8
gakki	Musikinstrument	11
gakki o yaru	ein Instrument spielen	11
gakkō	Schule	4
gakusei	Student(in)	2
ginkō	Bank	4
Ginza	(Geschäftsviertel in *Tōkyō*)	4
go	fünf	3
gofun	5 Minuten	4
gohyaku	500	5
gojū	50	5
Gomen kudasai!	Hallo! Ist hier jemand?	5
gonin	fünf (Personen)	6
goro	um, gegen, ungefähr	10
itsu goro	ungefähr wann	10
goryōshin	(Ihre) Eltern	10
gurai	ungefähr, etwa	4
guramu	Gramm	5
gyūnyū	Milch	5
hachi	acht	3
hai	ja	1
hai	Asche	3
haiiro	grau	3
hairu	eintreten, hineingehen	11
hairu made ni	bis ich hineinkam	11
hajimaru	anfangen, beginnen	9
hajime	Anfang	10
hajimemashō	laßt uns anfangen	7
hajimemasu	(mit etwas) anfangen	7
hajimete	erstmals, zum erstenmal	10
hajimete no	die erste	10
hakubutsukan	Museum	11

Ueno haku-butsukan	das *Ueno*-Museum	11
hamu	Schinken	5
hana	Blume	8
hana	Nase	9
hanaji	Nasenbluten	9
hanaji ga deru	Nasenbluten haben	9
hanasu	sprechen	9
Hana yori dango.	Lieber Klöße als Blumen.	8
hantō	Halbinsel	7
Chōsen han-tō	die korean. Halbinsel	7
haru	Frühjahr, Frühling	10
hatsuon	Aussprache	9
hatsuon no ren-shū	Ausspracheübung	9
hayai	schnell	10
hayaku yomu	schnell lesen	10
heya	Zimmer	9
hidari	links	4
hidarigawa	linke Seite	4
higashi	Osten	7
Higashi-Ajia	Ostasien	7
hikizan	Subtraktion	3
hiku	subtrahieren	3
hiku	nachschlagen	10
hiragana	*Hiragana* (Silbenschrift)	9
Hiroshima	(Großstadt)	8
hisho	Sekretär(in)	2
hito	Mensch(en)	6
ano hito	die Frau/der Mann dort	9
onnanohito	Frau	6
otokonohito	Mann	6
hitori	eine (Person)	6
hitotsu	eins	2
mō hitotsu	noch eine; eine weitere	7
hō	Richtung	7
kita no hō ni	im Norden	7
hō (ga)	(bei Komparativ)	8
hodo	Grad, (Aus-)Maß	3
sore hodo	so, so sehr	3

hoka ni	außerdem	5
Hoka ni nani ka?	Außerdem noch etwas?	5
hoka (no)	(etwas) anderes	10
hoka no kami	anderes Papier	10
Hokkaidō	(nördlichste der 4 Hauptinseln)	7
hon	Buch	1
Honshū	(größte der 4 Hauptinseln Japans)	7
hon'yaku	Übersetzung	9
hon'yaku no renshū	Übersetzungsübung	9
hosoi	schmal	10
hosonagai	lang und schmal, länglich	10
hoteru	Hotel	4
hyaku	hundert	5
nihyaku	200	5
ichi	eins	1
ichiban (+ Adjektiv)	meist (Superlativ)	7
ichiban minami ni	am weitesten südlich	8
ichiban ōkii	am größten	7
ichiban ōkii no wa	der/die/das größte	7
ichido	einmal	9
mō ichido	noch einmal	9
ichigo	Erdbeere	5
ichijikan	eine Stunde	11
ichijikan ijō	mehr/länger als eine Stunde	11
ichi rittoru	ein Liter	5
Ichirō	(männl. Vorname)	4
ido	Breitengrad	10
ie	Haus	2
ii	gut, schön	2
Kore de ii desu ka?	Ist das alles?	5
-te mo ii	erlaubt sein, dürfen	10
kaite mo ii?	darf/kann ich schreiben?	10
itte mo ii	man kann sagen	10

Ii desu ka?	Sind Sie soweit?	8
Ii desu yo.	Ja, bitte.	10
iie	nein	1
iimasu	sagen	7
ijō	mehr als, über	11
ikaga	wie	7
Ikaga desu ka?	Wie geht es Ihnen?	7
ike	Teich	4
ikemasen	es geht nicht an	10
Sore wa ikemasen ne.	Das tut mir leid.	9
-te wa ikemasen	nicht dürfen/sollen	10
tsukatte wa ikemasen	es ist nicht erlaubt … zu benutzen	10
ikimasen deshita	ich bin nicht gegangen	11
ikimasu	gehen, fahren	4
ikitai (desu)	ich möchte gern gehen/fahren	10
ikka	eine Lektion	1
iku	gehen, fahren	4
ni iku	gehen, um zu; zum … gehen	11
oyogi ni iku	schwimmen gehen	11
mi ni iku	gehen, um zu sehen	11
ikura	wie teuer	5
ikura desu ka	was kostet	5
ikutsu	wie viele	2
ikutsume	der wievielte	4
ima	jetzt	6
imashita	(Vergangenheitsform von imasu)	10
imasu	da/anwesend sein	6
imi	Bedeutung, Sinn	9
dō iu imi	welche Bedeutung	9
Sore wa dō iu imi desu ka?	Was bedeutet das?	9
… to iu imi desu.	Es bedeutet, daß …	9
inai	nicht da/anwesend sein	6
inko	Wellensittich	6
inu	Hund	6

ippiki	ein (Tier)	6	*ka*	(Fragepartikel)	1
ippiki ..., mō	der eine ..., der	6	*ka ... ka*	oder	1
ippiki	andere		*-ka*	Lektion	1
Irasshaimase!	Guten Tag! Will-	5	*dai-ikka*	Lektion 1, 1. Lek-	1
	kommen!			tion	
irassharu	anwesend sein	9	*dai-ni-ka*	Lektion 2, 2. Lek-	2
irassharu	kommen	10		tion	
iro	Farbe	2	*kaban*	(Schul-/Akten-)	3
chairo	braun	2		Tasche	
haiiro	grau	3	*kabe*	Wand, Mauer	2
kiiro	gelb	2	*kaerimasu*	zurückkehren	4
midoriiro	grün	2	*kagi*	Anführungszeichen	9
murasakiiro	violett	2	*kai*	Muschel	5
nani-iro	was für eine Farbe,	2	*kaimono*	Einkauf	5
	welche Farbe		*kaimono-yō*	für den Einkauf	5
isu	Stuhl	2	*kaimono-yō*	Einkaufszettel	5
itadakimasu	ich bekomme	5	*memo*		
itchōme	1. Block	4	*kaishain*	Angestelle(r)	2
Itō	(Familienname)	4		(einer Firma)	
itsu	wann	4	*kaite mo ii?*	darf/kann ich	10
itsu goro	ungefähr wann	10		schreiben?	
itsumo	immer	10	*kaiwa*	Konversation,	6
itsumo no	üblich, wie immer	10		Unterhaltung	
itsumo no kami	das Papier, das wir	10	*kakeru*	multiplizieren,	3
	immer benutzen			malnehmen	
itsutsu	fünf	2	*kakezan*	Multiplikation	3
itte kudasai	sprechen Sie bitte	9	*kaki*	*Kaki*-Frucht	3
itte mo ii	man kann sagen	10	*kaki nasai*	schreibe bitte	10
iu	sagen	4	*kakitori*	Diktat	9
			kakitori o suru	ein Diktat schreiben	9
ja	nun, nun denn	5	*kakko*	Klammern	9
jibun	Selbst	11	*kaku*	schreiben	9
jibun de	selbst	11	*kokuban ni*	an die Tafel schrei-	9
jimusho	Büro	3	*kaku*	ben	
jisho	Wörterbuch	1	*kaku*	malen	11
jitaku	(eigenes) zu Hause	3	*e o kaku*	malen	11
jitaku no denwa	private Telefon-	3	*kami*	Papier	2
bangō	nummer		*kana*	(zusammenfassen-	9
jōzu	geschickt, gut	9		de Bezeichnung für	
kotoba ga	(eine Sprache) gut	9		*Hiragana* und *Ka-*	
jōzu da	sprechen			*takana*)	
jū	zehn	3	*katakana*	*Katakana* (Silben-	9
jūgatsu	Oktober	10		schrift)	
jugyō	Unterricht	9	*hiragana*	*Hiragana* (Silben-	9
				schrift)	

kanari	ziemlich	2
kanari chigau	ziemlich unterschiedlich sein	10
kanariya	Kanarienvogel	6
kanazukai	*Kana*-Rechtschreibung	9
kangaekata	Denkweise, Mentalität	10
kangaeru	denken	10
kanji	*Kanji* (chinesische Schriftzeichen)	9
Kankoku	Südkorea	7
kara	von, ab	3
kore kara	von jetzt (ab), jetzt	3
kara	weil, da, nämlich	10
kara ... made	von ... bis	3
kata	Dame, Herr	6
Nihon no kata	Japaner(in)	6
sono kata	sie, er	6
ano kata	die Dame/der Herr dort	9
-kata	Art und Weise (etwas zu tun)	8
yobikata	Rufweise, Benennung	8
yomikata	Lesen	9
kangaekata	Denkweise, Mentalität	10
katakana	*Katakana* (Silbenschrift)	9
Katō	(Familienname)	4
-katta	(Suffix der Vergangenheit)	11
subarashikatta desu	es war großartig	11
katte imasu	(Tiere) halten, haben	6
kawa	Seite	4
hidarigawa	linke Seite	4
kazu	Zahl	2
Kazuo	(männl. Vorname)	4
Keiko	(weibl. Vorname)	4
keisan	Rechnen, Rechnung	3
kekkō	gut, schön, genug	2

Dotchi demo kekkō desu.	Beides ist mir recht.	10
Kekkō desu.	(hier:) Danke, das genügt.	5
kenbutsu	Besichtigung	10
keredo	aber	10
kesa	heute morgen	9
keshigomu	Radiergummi	3
kesseki	Fehlen, Abwesenheit	9
kesseki da/suru	fehlen	9
ki	Baum	2
ki	Geist	9
(ni) ki o tsukeru	aufpassen (auf)	9
ki o tsukeru	aufpassen	9
kiiro	gelb	2
kikō	Klima	7
kiku	fragen	4
michi o kiku	nach dem Weg fragen	4
kiku	hören	11
Kikuchi	(Familienname)	4
kimasu	kommen	4
kinō	gestern	11
Kinoshita	(Familienname)	1
kirei	schön	5
kiro	Kilo	5
kiro	Kilometer	10
kisetsu	Jahreszeit	10
kissaten	Café	10
kita	Norden	7
Kita-Chōsen	Nordkorea	7
kita no hō	nördliche Richtung	7
kita no hō ni	im Norden	7
ko	Kind	6
onnanoko	Mädchen	6
otokonoko	Junge	6
Kōbe	(Großstadt)	8
kōcha	(schwarzer) Tee	10
kodomo	Kind	5
koe	Stimme	9
kōen		4
kōhī	Kaffee	10
koko	hier	4

koko made	bis hierher	7
kokuban	Tafel	2
kokuban ni kaku	an die Tafel schreiben	9
kome	(ungekochter) Reis	5
komugiko	(Weizen-)Mehl	5
kōmuin	Beamter, Angestellter im öffentlichen Dienst	9
konban	heute abend	4
Konban wa!	Guten Abend!	2
kondo wa	jetzt, als nächstes	9
kongetsu	diesen Monat	10
Konnichi wa!	Guten Tag!	1
kono	dieses (hier)	2
kono chikaku ni	hier in der Nähe	4
kono mittsu	diese drei	8
kore	dies (hier)	1
kore de	hiermit	10
Kore de ii desu ka?	Ist das alles?	5
Kore de yoroshii desu ka?	Ist das alles?	5
kore kara	von jetzt (ab), jetzt	3
Kore wa dō desu ka?	Wie wäre es hiermit?	5
koshō	Pfeffer	5
kotae	Antwort	4
kotaeru	antworten	9
(ni) kotaeru	antworten (auf)	9
kotaete kudasai	antworten Sie bitte	9
koto	Sache, Angelegenheit	10
koto ga aru	vorkommen	11
koto ga dekiru	können	10
koto ni	besonders	10
kotoba	Wort; Sprache	9
kotoba ga jōzu da	(eine Sprache) gut sprechen	9
kotowaza	Sprichwort	8
kudamono	Obst	5
kudasai	bitte (geben Sie mir)	5

kotaete kudasai	antworten Sie bitte	9
itte kudasai	sprechen Sie bitte	9
yonde kudasai	lesen Sie bitte	9
kugatsu	September	10
kukkī	Gebäck, Plätzchen	5
kuku	Einmaleins	3
kuni	Land	7
shimaguni	Inselreich	7
Kuro	(Tiername)	6
kuroi	schwarz	2
kuru	kommen	4
kuru yotei desu	planen zu kommen	10
kusuri	Medizin, Medikament	5
kusuriya	Apotheke	5
kuwashii	ausführlich, genau	9
kuwashiku setsumei suru	ausführlich erklären	9
kyaku	Gast, Kunde	5
kyō	heute	3
kyōkasho	Lehrbuch	1
kyōmi	Interesse	10
kyōmi o motte iru	Interesse haben	10
… ni kyōmi o motte iru	Interesse haben an …	10
kyōshi	Lehrer(in)	2
kyōshitsu	Klassenzimmer	2
Kyōto	(Großstadt)	8
Kyō wa koko made desu.	Heute (arbeiten wir) bis hierher	7
kyū	neun	3
Kyūshū	(südlichste der 4 Hauptinseln Japans)	7
mā	ach; na ja	9
mada	noch	2
made	bis	3
koko made	bis hierher	7
hairu made ni	bis ich hineinkam	11
mado	Fenster	2

mae	vorne	4	*mijikai*	kurz	2
no mae	vor	4	*mikan*	Mandarine	5
shinu mae ni	bevor sie sterben	10	*Miki*	(Familienname)	10
neru mae ni	vor dem Schlafen-	11	*mimasu*	sehen	4
	gehen		*terebi o mi-*	fernsehen	4
māgarin	Margarine	5	*masu*		
maido	jedesmal	5	*mina*	alle	1
Maido arigatō	Vielen Dank!	5	*minami*	Süden	7
gozaimasu!			*ichiban mi-*	am weitesten süd-	8
maru	Kreis, Punkt	9	*nami ni*	lich	
-masen deshita	(Vergangenheits-	11	*mina-san*	alle Anwesenden,	1
	form bei Neg.)			Sie alle	
-mashita	(Vergangenheits-	11	*minna*	alle	6
	form von *masu)*		*mise*	Geschäft, Laden	5
Dōmo ariga-	Haben Sie vielen	4	*mittsu*	drei	2
tō gozaima-	Dank!		*mo*	auch	1
shita!			*nani mo*	nichts	3
atsuku nari-	es ist heiß gewor-	11	(+ Neg.)		
mashita	den		*dare mo*	niemand	6
-mashō	laßt uns ...	7	(+ Neg.)		
hajimema-	laßt uns anfangen	7	*mo mata*	auch (wieder)	8
shō			*mo ... mo*	sowohl ... als auch;	7
akemashō	soll ich öffnen?	11		und	
ka?			*mō hitotsu*	noch eine; eine wei-	7
mata	wieder	4		tere	
mata wa	oder	9	*mō ichido*	noch einmal	9
matsu	warten	11	*mō sugu*	gleich, bald	4
matsuri	Fest	7	*mō sukoshi*	ein wenig (+ Kom-	9
yuki-matsuri	Schneefest	7		parativ)	
mazu	zuerst, zunächst	3	*mō sukoshi ha-*	etwas schneller	10
-me	-te (Suffix bei Ord-	4	*yaku*		
	nungszahlen)		*mō sukoshi ōkii*	ein bißchen größer	9
ikutsume	der wievielte	4	*moji*	Schriftzeichen	9
yottsume	der vierte	4	*mono*	Ding, Gegenstand	1
itchōme	1. Block	4	*motsu*	nehmen, halten	10
memo	Notiz, Notizzettel	5	*motte iru*	haben, besitzen	10
kaimono-yō	Einkaufszettel	5	*motto*	mehr	5
memo			*motto yasui*	billiger	5
mi ni iku	gehen, um zu se-	11	*murasakiiro*	violett	2
	hen		*muzukashii*	schwierig	9
michi	Weg	4			
michi o kiku	nach dem Weg fra-	4	*na*	(Partikel)	5
	gen		*ōki na*	groß	7
midoriiro	grün	2	*ōki na koe*	laute Stimme	9
migi	rechts	4	*nado*	und andere, usw.	6

nagai	lang	2
hosonagai	lang und schmal, länglich	10
Nagasaki	(Großstadt)	8
Nagoya	(Großstadt)	8
naka	Inneres	3
no naka ni	in, im Inneren	3
no naka de	in, im Inneren	4
no naka de	von, unter	8
nakaba	Mitte	10
nakanaka (+ Neg.)	nicht, kaum	11
namae	Name	1
nan	was	1
Nan to iu namae desu ka?	Wie heißt er? Wie heißen sie?	6
... nan to yomimasu ka?	Wie liest man ...?	9
nana	sieben	3
nanban	welche Nummer	3
nanbiki	wieviele (Tiere)	6
nangatsu	welcher Monat	10
nani	was	2
nani ka	(irgend) etwas	3
Hoka ni nani ka?	Außerdem noch etwas?	5
nani ka	(irgend) ein	11
nani mo (+ Neg.)	nichts	3
nani-iro	was für eine Farbe, welche Farbe	2
nannin	wieviele (Personen)	6
narau	lernen	9
narimashita	wurde, ist geworden	11
atsuku narimashita	es ist heiß geworden	11
naru	werden	10
atatakaku naru	warm werden	10
nasai	(tue) bitte	10
kaki nasai	schreibe bitte	10
nashi	Birne	5
natsu	Sommer	7

ne	nicht wahr?	2
sō desu ne	ganz recht, stimmt	2
Sō desu ne.	Hmm ...	5
nedan	Preis	5
negai	Bitte	5
neko	Katze	6
neru	schlafen, sich hinlegen	9
neru mae ni	vor dem Schlafengehen	11
nete iru	liegen	9
New Ōtani	(Hotel in *Tōkyō*)	4
New Ōtani to iu hoteru	das Hotel New Ōtani	4
ni	zwei	2
ni	in, an	2
no naka ni	in, im Inneren	3
no shita ni	unter	3
no ue ni	auf	3
chikaku ni	in der Nähe	4
shinu mae ni	bevor sie sterben	10
neru mae ni	vor dem Schlafengehen	11
kita no hō ni	im Norden	7
ichiban minami ni	am weitesten südlich	8
(no) aida (ni)	zwischen	8
kokuban ni kaku	an die Tafel schreiben	9
saigo ni	zum Schluß	9
saisho ni	am Anfang, zuerst	9
ni shimasu	sich entscheiden für	5
(ni) wataru	sich erstrecken (über)	10
... ni kyōmi o motte iru	Interesse haben an ...	10
(ni) yoru	abhängen (von)	10
ni yotte	je nach, entsprechend	10
ni	um zu ..., zum	10
oyogu no ni	zum Schwimmen	10
ryokō suru no ni	zum Reisen	10
oyogi ni iku	schwimmen gehen	11
mi ni iku	gehen, um zu sehen	11

ni iku	gehen, um zu; zum ... gehen	11
(ni) ki o tsukeru	aufpassen (auf)	9
(ni) kotaeru	antworten (auf)	9
nichijō	Alltags-, alltäglich	10
nichijō seikatsu	Alltag, tägliches Leben	10
nido	zweimal	10
nigori	(zwei kleine Schrägstriche)	9
Nihon	Japan	7
Nihon no chizu	Karte von Japan	7
Nihon no kata	Japaner(in)	6
Nihongo	Japanisch	9
Nihongo	auf Japanisch	9
Nihonjin	Japaner(in)	7
Nihonkai	Japanisches Meer	7
nihyaku	200	5
niku	Fleisch	5
nikuya	Fleischerei, Fleischer	5
nikuyasan	Fleischerei, Fleischer	5
Nippon	Japan	7
nishi	Westen	7
no	(Attributivpartikel)	1
jitaku no den-wa bangō	private Telefonnummer	3
soko no	das da	5
Nihon no kata	Japaner(in)	6
Nihon no chizu	Karte von Japan	7
kita no hō ni	im Norden	7
ichiban ōkii no wa	der/die/das größte	7
hatsuon no renshū	Ausspracheübung	9
hon'yaku no renshū	Übersetzungsübung	9
tonari no	benachbart, nebenan	9
hoka no kami	anderes Papier	10
itsumo no kami	das Papier, das wir immer benutzen	10

Doitsujin no tomodachi	deutscher Freund	10
oyogu no ni	zum Schwimmen	10
ryokō suru no ni	zum Reisen	10
hajimete no	die erste	10
(no) aida (ni)	zwischen	8
(no) hō (ga)	(bei Komparativ)	8
no mae	vor	4
no naka de	in, im Inneren	4
no naka de	von, unter	8
no naka ni	in, im Inneren	3
no shita ni	unter	3
no uchi de	von, unter	8
no ue ni	auf	3
node	weil, da	4
nomimasu	trinken	4
nōto	(Schreib-)Heft, Notizbuch	1
o	(Akkusativ-Objekt anzeigende Partikel)	3
(o) kiku	fragen (nach)	4
(o ... to) yobimasu	(etwas) rufen, nennen	8
michi o kiku	nach dem Weg fragen	4
kakitori o suru	ein Diktat schreiben	9
(ni) ki o tsukeru	aufpassen (auf)	9
(ni) kyōmi o motte iru	Interesse haben (an)	10
ryokō (o) suru	eine Reise machen	10
e o kaku	malen	11
gakki o yaru	ein Instrument spielen	11
shashin o toru	fotografieren	11
o-	(Höflichkeitspräfix)	1
odeki ni naru	können (höflich)	10
Ohayō gozaimasu!	Guten Morgen!	3

oishii	schmackhaft; gut schmecken	5
ōki na	groß	7
ōki na koe	laute Stimme	9
ōkii	groß	2
okosan	(Ihr/Ihre) Kind(er)	6
okyaku-san	(höfliche Form von *kyaku*)	5
Okyaku-san desu yo!	Kundschaft!	5
omotta	(Vergangenheitsform von *omou*)	11
omotta yori	mehr als gedacht	11
omotta yori mu-zukashii	schwieriger als gedacht	11
omou	glauben	10
(to) omou	glauben (daß)	10
-tai to omou	vorhaben (etwas zu tun)	11
onaji	gleich	7
(to) onaji	gleich (wie)	7
onamae	Ihr (werter) Name	1
onegai shimasu	(ich) bitte	5
ongakka	Musiker(in)	2
ongaku	Musik	11
onna	Frau	6
onnanohito	Frau	6
onnanoko	Mädchen	6
Ōsaka	(Großstadt)	4
otoko	Mann	6
otokonohito	Mann	6
otokonoko	Junge	6
ototoi	vorgestern	11
owari	Ende	10
oyogi ni iku	schwimmen gehen	11
oyogu	schwimmen	10
oyogu no ni	zum Schwimmen	10
pan'ya	Brotgeschäft, Bäckerei	5
pēji	Seite	9
Pekin	Peking, Beijing	8
perapera	fließend (sprechen)	9
Pochi	(Hundename)	6

raigetsu	nächsten Monat	10
rei	Beispiel	9
rei o ageru	Beispiele anführen	9
reibun	Beispielsatz	9
renshū	Übung	3
hatsuon no renshū	Ausspracheübung	9
hon'yaku no renshū	Übersetzungsübung	9
ringo	Apfel	5
rittoru	Liter	5
ichi rittoru	ein Liter	5
roku	sechs	3
ryokō	Reise	10
gaikoku ryo-kō	Auslandsreise	10
ryokō (o) suru	eine Reise machen, reisen	10
ryokō suru no ni	zum Reisen	10
ryōshin	Eltern	10
goryōshin	(Ihre) Eltern	10
sā	also, nun, dann	8
saigo ni	zum Schluß	9
saikin	in letzter Zeit	11
saisho ni	am Anfang, zuerst	9
Saitō	(Familienname)	4
sakana	Fisch	5
sakanaya	Fischgeschäft	5
sake	Reiswein	4
samui	kalt	7
san	drei	3
-san	Herr, Frau, Fräulein	1
mina-san	alle Anwesenden; Sie alle	1
okyaku-san	(höfliche Form von *kyaku*)	5
nikuyasan	Fleischerei, Fleischer	5
-san	Berg	8
Fuji-san	der Berg *Fuji*	8
sannin	drei (Personen)	6
sanzen	3000	10

Sapporo	(größte Stadt auf *Hokkaidō*)	7
saradana	Kopfsalat	5
satō	Zucker	5
Satō	(Familienname)	4
Sayōnara!	Auf Wiedersehen!	1
seikatsu	Leben	10
nichijō seikatsu	Alltag, tägliches Leben	10
seito	Schüler	1
semete	wenigstens	10
sensei	Lehrer	1
sensei	(hier:) ich	10
setsumei	Erklärung	9
kuwashiku setsumei suru	ausführlich erklären	9
shaberu	sprechen, plaudern, quasseln	9
shakuhachi	japan. Bambusflöte	11
shashin	Foto	1
shashin o toru	fotografieren	11
shi	und	11
shi	Gedicht	11
shichigatsu	Juli	10
shichinin	sieben (Personen)	6
shigatsu	April	10
shigoto	Beruf, Arbeit	2
shika (+ Neg.)	nur	6
shiken	Prüfung, Examen	11
Shikoku	(kleinste der 4 Hauptinseln Japans)	7
shima	Insel	7
shimaguni	Inselreich	7
shimashita	(Vergangenheitsform von *shimasu*)	11
shimasu	machen, tun	3
fukushū o shimasu	wiederholen	3
ni shimasu	sich entscheiden für	5
Sore ni shimasu.	Ich nehme das da.	5
onegai shimasu	(ich) bitte	5
aisatsu suru	(be)grüßen	9
kesseki suru	fehlen	9
zutsū ga suru	Kopfschmerzen haben	9
kakitori o suru	ein Diktat schreiben	9
ryokō (o) suru	eine Reise machen, reisen	10
kuwashiku setsumei suru	ausführlich erklären	9
shimeru	schließen	10
shinbun	Zeitung	1
shinsen	frisch	5
shinu	sterben	10
shinu mae ni	bevor sie sterben	10
shio	Salz	5
shirimasen	ich weiß (es) nicht	3
shiroi	weiß	2
shisoku	die vier Grundrechenarten	3
shita	unten	3
no shita ni	unter	3
shitsumon	Frage	3
shōgakkō	Grundschule	10
shokupan	japan. Weißbrot	5
shōsetsu	Roman, Erzählung	1
shōyu	Sojasoße	5
shumi	Hobby	11
Shumitto	Schmidt	10
shuto	Hauptstadt	8
sō	so	1
sō desu	soll; ich habe gehört, daß	9
sō desu ne	ganz recht, stimmt	2
Sō desu ne.	Hmm …	5
soko	da	4
soko no	das da	5
sono	das (da)	2
sono ato	danach	10
sono kata	sie, er	6
sono ushiro	dahinter	4
sora	Himmel	2
sore	das (da)	1
sore	es	3
Sore dake desu.	Das wär's.	5

sore dewa	dann	7
sore hodo	so, so sehr	3
sore ni	außerdem	9
Sore ni shima-su.	Ich nehme das da.	5
Sore wa dō iu imi desu ka?	Was bedeutet das?	9
Sore wa ikema-sen ne.	Das tut mir leid.	9
Soren	Sowjetunion	7
sōsēji	Wurst	5
soto	draußen	11
Souru	Seoul	8
subarashii	prächtig, großartig	11
subarashikatta desu	es war großartig	11
sue	Ende	10
sugu	gleich, sofort	4
mō sugu	gleich, bald	4
suika	Wassermelone	5
suimin'yaku	Schlafmittel, Schlaftabletten	5
suki	lieben, mögen	6
daisuki (de-su)	sehr gern haben/ mögen/tun	10
sukiyaki	(japan. Gericht)	4
sukoshi	ein wenig, ein bißchen	9
mō sukoshi ōkii	ein bißchen größer	9
mō sukoshi hayaku	etwas schneller	10
Sumimasen (ga)	Entschuldigung ..., Verzeihung ...	4
sūpā	Supermarkt	5
suu	einatmen, rauchen	10
suzushii	angenehm kühl, frisch	10
-ta	(Suffix bei Vergan-genheit)	11
omotta yori muzukashii	schwieriger als ge-dacht	11
tabako	Tabak; Zigarette	10
tabemasu	essen	4

tadashii	korrekt	9
tadashiku tsu-kau	korrekt verwenden	9
tai	Meerbrasse	5
-tai	tun wollen, möchten	10
ikitai (desu)	ich möchte gern ge-hen/fahren	10
-tai to omou	vorhaben (etwas zu tun)	11
Taiheiyō	Pazifischer Ozean	7
taihen	sehr	10
takai	hoch	4
takai	teuer	5
chotto takai	etwas (zu) teuer	5
taku	Haus, Wohnung	3
takusan	viel(e)	7
takushī	Taxi	4
Tama	(Katzenname)	6
tamago	Ei	5
tama ni	gelegentlich, hin und wieder	11
Tanaka	(Familienname)	4
tashizan	Addition	3
tasu	addieren, hinzufügen	3
tatemono	Gebäude	4
tatoeba	zum Beispiel	9
-te mo ii	erlaubt sein, dürfen	10
kaite mo ii?	darf/kann ich schreiben?	10
itte mo ii	man kann sagen	10
-te wa ikemasen	nicht dürfen/sollen	10
tēburu	Tisch	2
teiryūjo	Bushaltestelle	4
ten	Punkt; Komma	9
ten'in	Verkäufer(in)	5
tenrankai	Ausstellung	11
terebi	Fernsehen	4
terebi o mimasu	fernsehen	4
to	und	1
to	wenn	4
to iimasu	heißen	6
(to) iimasu	sagen, (daß)	7
to iu	heißen, heißend	4
New Ōtani to iu hoteru	das Hotel New Ōtani	4

Nan to iu na-mae desu ka?	Wie heißt er? Wie heißen sie?	6
to iu fū ni tsu-kaimasu	man benutzt es auf folgende Weise	9
... to iu imi desu	Es bedeutet, daß ...	9
(to) omou	glauben (daß)	10
(to) onaji	gleich (wie)	7
... to ... to	... , ... und	7
to yoku itte ima-shita	sie haben oft ge-sagt, daß	10
tō	zehn	2
toi	Frage	4
tōi	weit	4
tojiru	schließen	10
tokoro	(hier:) = *uchi*, *otaku*	6
tokoro de	übrigens	10
Tōkyō	(Hauptstadt Japans)	4
Tōkyō eki	*Tōkyō* Hauptbahnhof	4
Tōkyō yori fu-rui	älter als *Tōkyō*	8
tomodachi	Freund(in)	4
Doitsujin no tomodachi	deutscher Freund	10
tonari	Nachbar(schaft)	9
tonari no	benachbart, neben-an	9
tori	Vogel	6
toru	(fotografisch) auf-nehmen	11
shashin o toru	fotografieren	11
toshi	Stadt	8
daitoshi	Großstadt	8
totemo	sehr	11
tsugi	der nächste	4
tsugi ni	als nächstes	9
tsukatte wa ike-masen	es ist nicht erlaubt ... zu benutzen	10
tsukau	benutzen, gebrauchen	9
tadashiku tsukau	korrekt verwenden	9

to iu fū ni tsu-kaimasu	man benutzt es auf folgende Weise	9
tsukeru	befestigen	9
ki o tsukeru	aufpassen	9
tsukue	Schreibtisch	2
tsumetai	kalt	10
tsuyoi	stark	10
tsuzukemasu	(etwas) fortsetzen	8
uchi	Haus, Wohnung	3
uchi de	zu Hause	4
uchi e	nach Hause	4
ue	oben	3
no ue ni	auf	3
Ueno	(Stadtteil in *Tōkyō*)	11
Ueno hakubu-tsukan	das *Ueno*-Muse-um	11
umai	gut, geschickt	11
umi	Meer	7
uriko	Verkäufer(in)	5
urusai	laut, lästig	11
ushiro	hinten	4
sono ushiro	dahinter	4
usui	dünn	2
wa	(Thema-Partikel)	1
ichiban ōkii no wa	der/die/das größte	7
Sore wa dō iu imi desu ka?	Was bedeutet das?	9
wakaru	verstehen	9
chotto waka-rimasen	ich verstehe nicht ganz	9
yoku wakari-masen	ich verstehe (Sie) nicht gut	9
warau	lachen	9
wariai ni	verhältnismäßig	10
warizan	Division	3
waru	dividieren, teilen	3
watakushi	ich	1
wataru	sich erstrecken	10
(ni) wataru	sich erstrecken (über)	10
watashi	ich	11

ya	und	6
-ya	Laden, Geschäft	5
nikuya (san)	Fleischerei, Flei-scher	5
yaoya	Obst- und Gemüse-händler	5
pan'ya	Brotgeschäft, Bäk-kerei	5
sakanaya	Fischgeschäft	5
kusuriya	Apotheke	5
yakunin	(Verwaltungs-)Be-amter	9
yakyū	Baseball	11
yama	Berg, Gebirge	8
yaoya (san)	Obst- und Gemüse-händler	5
yaru	tun, machen	11
gakki o yaru	ein Instrument spielen	11
yasai	Gemüse	5
yasashii	leicht, einfach	9
yasui	billig	5
motto yasui	billiger	5
yo	(Partikel)	4
Okyaku-san desu yo!	Kundschaft!	5
Ii desu yo.	Ja, bitte.	10
-yō	für	5
kaimono-yō memo	Einkaufszettel	5
yobikata	Rufweise, Benen-nung	8
yobimasu	rufen, nennen	8
yoi	gut	9
Yokohama	(Großstadt)	8
yoku	oft	7
yoku wakari-masen	ich verstehe (Sie) nicht gut	9
yomikata	Lesen	9
yomu	lesen	9
hayaku yomu	schnell lesen	10
... nan to yo-mimasu ka?	Wie liest man ...?	9
yon	vier	3

yonde kudasai	lesen Sie bitte	9
yonhyaku	400	5
yori	als	8
Tōkyō yori furui	älter als Tōkyō	8
Hana yori dango.	Lieber Klöße als Blumen.	8
omotta yori muzukashii	schwieriger als ge-dacht	11
Yōroppa	Europa	10
yoroshii	gut, recht	5
Kore de yo-roshii desu ka?	Ist das alles?	5
yoru	Nacht, Abend; nachts, abends	11
yotei	Plan, Programm	10
kuru yotei desu	planen zu kommen	10
yottsu	vier	2
yottsume	der vierte	4
yūbinkyoku	Postamt	4
yuki	Schnee	7
yuki ga furi-masu	es schneit	7
yuki-matsuri	Schneefest	7
yukkuri	langsam	9
yukkuri kenbu-tsu shitai	sie wollen in Ruhe besichtigen	10
yūmei	berühmt, bekannt	7
zasshi	Zeitschrift	1
zenbu	alles	5
zenbu de	alles zusammen, insgesamt	5
zenzen (+ Neg.)	überhaupt nicht	10
zero	Null	3
zuibun	ziemlich, recht, sehr	11
zutsū	Kopfschmerzen	9
zutsū ga suru	Kopfschmerzen ha-ben	9
zutto	bei weitem, weitaus	8